UNE ÂME A VÉCU

SAINTE THÉRÈSE
DE L'ENFANT-JÉSUS

Introduction à la lecture de l'HISTOIRE D'UNE AME

PAR

JEAN CLOSTRE

Cinq gravures hors-texte

5, RUE EUGÈNE-MANUEL
PARIS XVIe

Sainte Thérèse de l'Enfant-Jésus

JEAN CLOSTRE

Sainte Thérèse de l'Enfant-Jésus

(Introduction à la lecture
de l'HISTOIRE D'UNE AME)

La Sagesse nous envoie à l'enfance : *Nisi efficiamini sicut parvuli.*
Il n'y a rien de si conforme à la raison que ce désaveu de la raison.

PASCAL.

PARIS
ÉDITIONS RADOT

PRÉFACE

PREFACE

Une âme a vécu, il y a moins de cinquante ans, sa vie de souffrances et de contraintes dans la chair; ses contemporains ne l'ont pas connue; ses compagnes, ses familiers, n'ont soupçonné que par hasard, à cause de quelques manifestations émergentes, sa volonté cachée et tendue. Une âme a vécu inconnue et cloîtrée, sans que le monde eût souci d'elle... et tout à coup elle surgit et son nom brille comme un météore, *illumine sur la boule de notre terre les fourmilières humaines jusque dans les hautes herbes du Cancer et de l'Equateur, fait pâlir autour des monuments des maîtres, des éru-*

dits et des penseurs, au coin des rues des capitales, le halo de la vaine gloire, bouleverse avec un sourire d'enfant la Physique fondamentale que le matérialisme actuel avait substitué à la Révélation.

Une explication systématique est impuissante à nous découvrir le sens profond de cet événement inattendu. On a dit qu'il s'agissait d'une réclame, de surenchère autour d'un nom. Dans un siècle qui s'efforce de compenser, par la célébration de centenaires, la déficience de son génie, ne savons-nous pas que la presse, quand elle réussit à mettre en évidence un personnage de son choix, n'en impose pas à son gré la mémoire à la renommée? La gloire — la vraie — ne dépend de la volonté ni des intrigues de personne.

On a dit encore : le culte de la petite sainte

de Lisieux provient d'un engouement de dévots qui ont confusément pressenti la nécessité de rajeunir leur foi épuisée et de renouveler l'air affadi de leurs chapelles aux vieilles cires.

Eh! non! Le culte de Sainte Thérèse de l'Enfant-Jésus n'est pas la résultante d'une dévotion fétichiste qui subit une mue nouvelle et les lois qui régissent, dans les sociétés humaines, les mouvements secrets et profonds, ne l'eussent jamais fait prévoir. Il n'est pas non plus la conséquence d'une extension du souvenir conventuel et familial de celles qui vécurent dans le rayonnement direct de la sainte. Il est né dans le peuple, au cœur du peuple, de ce mélange disparate d'avidité, d'amour, d'élans violents et aveugles, de tendances et d'enthousiasmes généreux, qui constituent l'âme populaire. Depuis François d'Assise jamais cela ne s'était vu.

La glorification de la petite moniale de Lisieux est bien l'événement le plus significatif à suggérer aux méditations des sociologues et des penseurs. Pendant que dans une nation — la France — le peuple, par ses représentants officiels, ruine les institutions de l'Église et l'œuvre antérieure de sa propre foi, le peuple — le même peuple — porte sur les autels la fille de l'Église la plus authentique. Les manifestations des foules au lendemain de l'armistice ou les enthousiasmes qui saluèrent, au passage, les défilés de régiments descendant les Champs-Élysées, ne sont rien à côté de l'émotion, de l'impression, produite dans le petit monde des artisans, des ouvriers, des employés, des fonctionnaires, dans la masse des sans-avoir et des gens à petit salaire, par la jeune Thérèse Martin. Des lettres, des millions de lettres le prouvent.

C'est que, comme l'individu, la foule est divisée en elle-même et que le caractère d'opposition de ses tendances se manifeste quelquefois d'une façon impérieuse et imprévue. Comme l'Enfant-Dieu aux temps juifs, Sainte Thérèse de l'Enfant-Jésus, aujourd'hui, est le signe de contradiction par lequel une nation, une race, le monde, prennent conscience de leurs tendances intérieures incompatibles. Parce qu'elle est ce signe et que par elle le Christ est de nouveau manifesté, Sainte Thérèse a été reconnue sans effort par le peuple. Car c'est en elle, et non dans la pensée laïque et athée, qu'il se retrouve et se reconnaît : le peuple l'attendait.

Le secret de ce privilège et de cette situation de sympathie est, pour la sainte, dans la compréhension prématurée de ce que l'âme grégaire du peuple, incapable de conscience, a confusément senti de tout temps : que ce ne sont ni les curiosités de la science, ni les progrès de la métallurgie, ni les succès de la politique, ni les fluctuations de la rente, ni la guerre, ni la paix, ni le théâtre, ni l'amour..., qui rempliront jamais le vide béant de l'âme de l'homme. Quand un cerveau a tout appris, quand une race a progressé jusqu'à la limite de son progrès, c'est-à-dire jusqu'au point où le cycle de la civilisation se referme sur lui-même et que tout recommence; quand un peuple a vu apparaître dans son sein, après l'époque vivante *de la foi, l'époque* stérilisante *de l'analyse, où l'intellectuel et le savant, ces parasites des collectivités périssantes, dévorent les réserves qu'avait accumulées la vitalité des ancêtres..., l'âme, l'âme de l'homme est toujours tendue, toujours avide, bêlante comme une brebis sur une dune, criant sa* faim *perpétuelle vers l'insaisissable Absolu...*

Le mérite de Sainte Thérèse de l'Enfant-Jésus est de n'avoir pas voulu croire qu'il y ait un autre sens de la vie que le sens religieux et d'avoir démontré à notre siècle d'athéisme, de positivisme, de laboratoires, que seule la recherche de Dieu n'est pas une perte de temps, que le reste : science, intelligence, confort, politique, commerce, monnaie... n'est que ferblanterie à jeter au remblai. Et ce n'est pas un effet d'une polarisation de l'esprit que de la regarder dans le plan unique de ce mérite, car ce plan est la base sur laquelle tout le reste repose.

Toutefois, les aspects de sa sainteté sont multiples : il en est de l'âme du saint comme de ces monuments d'art dont la perspective se modifie à mesure qu'on en fait le tour. On pourrait donc mettre en valeur une sainte Thérèse plus sainte *que celle que nous nous proposons de décrire; une autre plus* mystique; *une autre dans laquelle on accuserait le relief du caractère, c'est-à-dire de la volonté; une autre où son tempérament émotif serait le principal objet de l'attention. Ces tentatives ont été, d'ailleurs, indépendamment entreprises. Ici on aura chance de ne recontrer qu'une Sainte Thérèse* humaine. *Mais, sous cet angle de vision, son portrait ne sera pas infidèle, ni altéré. Au reste, les descriptions diverses que l'on donne de la sainteté se contredisent quelquefois, mais la contradiction n'est qu'apparente. Elle ne tient qu'à l'impuissance de notre jugement, incapable de saisir ce qui touche par quelque chose à l'éternel autrement que sous un aspect fragmentaire. Dieu seul, dans la connaissance perpétuelle qu'Il a de Lui, peut intégrer les infinis.*

Dans l'histoire de Sainte Thérèse de l'Enfant-Jésus, l'idée qui sert de fil d'Ariane et qu'on retrouve à chaque page, peut se ramener à ceci :

Puisque l'espérance obstinée de perpétuelle durée que chacun de nous porte en lui est en conflit avec la mort, limite naturelle, inéluctable, de l'effort humain vers le permanent, tout ce qui ne résout pas le conflit dans un sens de satisfaction pour l'esprit et d'apaise-

ment pour le cœur, est illusoire et sans valeur. Seule la foi apporte la solution désirée.

On le voit, ce n'est là que le commentaire de la parole de la sainte : « Nous n'avons qu'un temps pour vivre de foi. »

Ce qui nous reste donc à décrire, c'est un effort humain, c'est-à-dire la lutte sans merci d'une pensée contre l'emprise des contingences. Mais auparavant, et pour comprendre dans son plein sens la leçon qui se dégage de cette histoire, il importe que nous réagissions contre une opinion répandue, accréditée par la publication d'un ouvrage récent (1). *Cette opinion tend à prouver que l'héroïne de Lisieux* serait née sainte, *ce qui n'aurait d'autre valeur que celle d'un postulat téméraire, s'il n'y*

(1) Lucie DELARUE-MARDRUS : *Sainte Thérèse de Lisieux.*

avait, sous ces trois mots, une velléité d'établir un déterminisme des « phénomènes » de la sainteté. Nous verrons par la suite ce que vaut ce déterminisme. Ne retenons pour le moment que ceci : entre cette opinion, d'après laquelle il y aurait autant de saints que de tempéraments prédisposés, et le préjugé qui voudrait que la sainteté fût la marque d'une exception de la Providence, Thérèse définit, en la vivant, la vérité. Quand on scrute de près sa vie ou, plus simplement, quand on lit, comme il convient, pieusement, l'autobiographie intitulée Histoire d'une Ame, *il est rare qu'on ne finisse par y distinguer autre chose que ce que les mots signifient littéralement. A la différence du sage ou du grand homme qui diminue quand on l'approche, le saint, dans une circonstance analogue, grandit et ne cesse de s'accroître, alors, indéfiniment. L'histoire du grand homme, du sage, du bel esprit, se ramène le plus souvent, d'ailleurs, à l'exposé d'une discipline de l'orgueil humain. Il en est autrement de Sainte Thérèse de l'Enfant-Jésus, vue à travers les images et la candeur des phrases de son livre, auquel il faut toujours en revenir pour la connaître et la mieux connaître. On croit avoir à faire, en commençant, à la composition dévote d'une moniale qui écoute, pour son repos, chanter son cœur, et tout à coup on s'arrête surpris, saisi... On lit quelque chose qui n'avait jamais été, depuis Pascal, exprimé dans un tel accent : le récit du grand drame de l'âme humaine aux prises avec sa destinée!*

Sainte Thérèse de l'Enfant-Jésus

I

Dans une bourgade de Normandie, Athis-de-l'Orne, plusieurs générations de Jean Martin vivaient, il y a longtemps, leur succession de vies ignorées.

Ils étaient selon l'industrie du pays, et de père en fils, tisserands. On retrouve leur trace sur des registres de quatre siècles comme on en conserve dans les églises : en ce temps-là la sacristie et la mairie se confondaient. Mais leur histoire par le menu reste enfouie sous une brume d'incertitudes.

Nous ne commençons jamais tout entiers par nous-mêmes : Sainte Thérèse de l'Enfant-Jésus commença par ces générations de Jean Martin.

Ces aïeux éloignés eurent un descendant

qui devint capitaine : après l'artisan le soldat. Ce dernier, qui fit les campagnes de la Première République, qui suivit la Grande Armée dans ses pérégrinations de 1807, qu'on retrouve aux Cent Jours dans les troupes royalistes et, en juillet 1815, dans l'armée royale du Morbihan, eut un fils, Louis-Joseph-Aloys-Stanislas, qui naquit à Bordeaux le 22 août 1823. Au moment de cette naissance le capitaine Martin était en Espagne et faisait la guerre (1).

Le petit Louis-Stanislas grandit. Quand il eut atteint à sa vingtième année, il partit d'Alençon où son père, en prenant sa retraite, s'était fixé, et vint à la Grande Chartreuse pour demander qu'on l'acceptât dans la congrégation des religieux de Saint-Bruno. Ce voyage nous éclaire suffisamment sur l'évo-

(1) Angot des Rotours : *La Bienheureuse Thérèse de l'Enfant-Jésus*, 27.

lution de l'esprit et du cœur chez cet adolescent qui allait devenir l'homme de la prière et du sacrifice. Au couvent des Chartreux on refusa ce solliciteur, en vertu de la Règle de l'Ordre, parce qu'il ignorait le latin. De retour à Alençon, le jeune homme achalanda un magasin d'horlogerie-bijouterie, rue du Pont-Neuf. A trente-six ans il se maria.

Son épouse, Zélie Guérin, était douée de ce sens des réalités concrètes qui, on le prétend, est particulier à l'âme normande. Elle alliait, d'ailleurs, à ce bon sens, une foi absolue et une volonté dont on eût pris les manifestations, ailleurs qu'en Normandie — dans les provinces ibériennes ou provençales, par exemple — pour de la rudesse. Elle aussi, en un temps, s'était crue appelée à la vie religieuse; elle aussi avait été renvoyée sur la route sans gloire des besognes et des devoirs.

Un peu après son mariage, M. Martin abandonna sa profession de bijoutier afin de s'occuper à diriger un petit atelier pour la confection des dentelles que sa femme avait établi.

Le ménage eut successivement huit enfants (1), dont quatre survécurent, des filles. Et vint enfin un neuvième et dernier nouveau-né — l'espéré et l'inattendu — une fille encore, qu'on appela *Marie-Françoise-Thérèse.*

Elle naquit en plein hiver, en 1873, le 2 janvier.

Il ne se passa rien d'anormal dans les premiers temps de la vie de la jeune sainte. C'est

(1) Voici leurs noms :
Marie-Louise.
Marie-Pauline.
Marie-Léonie.
Marie-Hélène, morte à quatre ans et demi.
Marie-Joseph-Louis, mort à cinq mois.
Marie-Joseph Jean-Baptiste, mort à neuf mois.
Marie-Céline.
Marie-Mélanie-Thérèse, morte à trois mois.

Thérèse à 4 ans et sa mère

par l'effet d'une exégèse où l'imagination a toute la place que certains biographes s'ingénient à dénaturer la vie du saint qu'ils nous transcrivent. Les saints ne tombent pas du ciel sur la terre. Au contraire, ils remontent, et d'habitude péniblement, de la terre et de la chair vers le ciel. La petite Thérèse eut seulement, vers ce temps, des tendances à la consomption, comme si cette âme de lumière et de pureté eût défailli en commençant le cycle de souffrances que son incarnation lui imposait.

On la mit en nourrice à Sémallé, près d'Alençon, dans une ferme. Les parfums d'avril, la buée saine du fumier roux dont les pailles luisaient au soleil, la sève lourde et grasse qui, de la terre, passait dans ses veines minces par le sein de la nourrice qu'on appelait « *Petite Rose* », redressèrent cette chétive fleur humaine qui fléchissait déjà sur sa tige.

Ses premières années s'écoulèrent à Alençon, sous l'œil averti de sa mère et dans l'intimité de ses sœurs aînées. Son père l'aimait d'une tendresse sans mesure :

« Et il la prend dans ses bras, l'assied sur « son épaule, l'embrasse et lui prodigue des « caresses sans fin...

« — Que veux-tu, dit-il à sa femme, c'est « la Reine (1)!... »

Or, il arriva, quand l'enfant eut quatre ans et huit mois, qu'un événement inattendu bouleversa sa paisible petite vie : sa mère mourut. Si le sentiment du néant humain est une grâce que Dieu confère, sans lien de subordination avec l'âge ou l'expérience, Thérèse eut le privilège de cette grâce. Quelque peu délaissée, le premier jour de la douleur, elle rencontra, en déambulant d'une chambre à l'autre, le cercueil « placé debout dans le corri-

(1) Mgr LAVEILLE : *Sainte Thérèse de l'Enfant-Jésus.*

dor » (1) et « elle le toisa » (2). Cette apparition du cercueil, et le baiser qu'elle donna sur le front refroidi du cadavre, l'impressionnèrent tellement que son caractère changea. De joviale et douce, elle devint pleureuse, taciturne. Cette transformation, quelque soudaine qu'elle eût été, manifestait autre chose qu'un bouleversement passager : elle devait persister pendant plus de dix ans. C'est que, devant le cercueil « placé debout dans le corridor » la petite Thérèse venait, pour la première fois, d'entrevoir confusément l'énigme des origines et de la destinée humaines.

« Jamais je n'en avais vu, cependant je comprenais ! » (3)... dira-t-elle pour marquer le souvenir de cette rencontre désolée.

(1) SAINTE THÉRÈSE DE L'ENFANT-JÉSUS. *Histoire d'une Ame*, II, 21. Les citations sont faites d'après l'édition de 1913.

(2) Gaétan BERNOVILLE : *Sainte Thérèse de l'Enfant-Jésus*, 59.

(3) *Histoire d'une Ame*, II, 21.

A la suite de ce deuil, M. Martin mit en vente sa petite manufacture de dentelles et vint s'établir à Lisieux, aux *Buissonnets,* maison tranquille, à flanc de coteau, au-dessus de la route de Pont-l'Evêque. Ce déplacement le rapprochait de la famille de son beau-frère, M. Guérin, pharmacien, dont l'officine est encore visible, sous un encorbellement de charpentes et d'étages normands, à l'angle de la Grande-Rue et de la place Thiers.

C'est en revenant, un soir, avec son père, de la pharmacie Guérin aux Buissonnets, que Thérèse, levant la tête, eut un saisissement devant la profondeur du ciel. Il ne s'agit pas, qu'on veuille le considérer, d'un étonnement fugitif, habituel aux enfants qui font leur découverte progressive de l'univers. Cette petite fille répondait pour la première fois, à cinq ans, à cet appel lointain de l'infini que la plupart de nos contemporains, engagés dans les soucis de leurs affaires, la vanité de leur science, la multiplicité de leurs désirs, n'ont jamais entendu et n'entendront jamais.

Cependant, à mesure que les journées d'adaptation à la ville nouvelle, aux nouvelles perspectives des maisons à pignons pointus penchées sur la rue, passaient l'une après l'une, le malaise provoqué par le décès de la mère s'affaiblissait sans que le sentiment de vide en résultant eût disparu. Une famille qui n'a plus de mère, c'est comme un village qui n'aurait plus d'église... Mais la vie exige qu'on vive et chaque jour fait oublier la veille. L'automatisme quotidien, tout doucement, reprit son cours. L'installation aux Buissonnets avait eu lieu en 1877, pendant les journées vides de novembre. Dès l'avril suivant le petit parc qui enveloppe la maison commença, timidement, à s'égayer. Marie et Pauline, les aînées, s'occupaient à l'entretien du ménage et prenaient souci de Thérèse, la benjamine. Céline, demi-pensionnaire, rentrait le soir et ouvrait, devant sa petite sœur qui commençait à lire, ses livres de classe. Le dimanche on descendait en se donnant la main, en évitant la rigole pavée où les eaux de la pluie s'écoulent en ruisseau, par le sentier bordé de murs et de buissons, vers la route. M. Martin suivait, causant avec Marie. On traversait le Jardin Public. Au-dessus des arbres tombait le carillon des cloches de la cathédrale. Les paroissiens se retournaient en apercevant cette jolie famille qui gravissait les marches du porche et, la porte franchie, défilait gravement dans la perspective d'un collatéral, devant un Saint Pierre de bronze, au visage noir et bourru, qui serrait dans son poing une clef gigantesque.

Ainsi une vie de résignation dans l'espoir les consolait, les unissait, quand, à l'âge de six ans, Thérèse eut une sorte de vision. Par l'une des fenêtres de la maison elle regardait dans le jardin, vers la buanderie, quand elle aperçut tout à coup son père qui, « très courbé et vieilli », avançait d'un pas régulier, lentement, la tête recouverte d'un épais voile noir. Or, M. Martin était, ce jour-là, en voyage. L'enfant eut peur, cria. On l'apaisa, on la secourut. Mais la vision allait se graver dans son souvenir jusqu'au jour où la mort de son père devait la confirmer en l'explicitant.

Quoi qu'il en soit de la signification prophétique qu'on a prêtée à cet événement, celui-ci a un autre sens. Le père « très courbé et vieilli » ce fut, pour l'enfant, la première apparition, au jour de sa conscience, d'une idée qui allait provoquer, en elle, une impression profonde et décisive : la sénilité, l'effacement, le périssable de toute puissance, de toute beauté, de toute vie, le néant de nous. Le père « très courbé et vieilli » c'était l'image, au fond de l'âme de Thérèse, du cercueil dans le corridor, qu'une circonstance révèle, transformée, comme le négatif d'un cliché (1).

L'influence familiale et l'influence religieuse se confondirent dans leurs effets sur cette enfant. Outre les leçons qu'elle recevait de ses sœurs, son père l'instruisait dans une chambre haute qu'on appelait, aux Buissonnets, le *Belvédère*. Ce que fut cette initiation à la vie de l'esprit, les lignes suivantes, réflexions fragmentaires existant au Carmel

(1) Un jour M. Martin, ayant emmené Thérèse au bord de la Touques, dans la campagne de Lisieux, l'enfant en retirant de son panier à provisions une tartine de confiture que sa sœur Pauline y avait placée, n'aperçut au lieu de la vive couleur dont elle avait vu le pain blanc s'émailler, qu'une teinte rose « toute vieillie et rentrée ». Alors la terre lui parut « plus triste encore... »

Dans cet événement qui prend de l'importance en ce qu'il annonce et prépare celui que nous venons de rapporter, on retrouve, avec la même idée, l'un des mêmes mots que Thérèse employa pour tenter de décrire le fantôme noir du jardin. Comme si le langage ne disposait que de quelques vocables, synonymes ou proches de sens, pour exprimer l'angoisse humaine devant les premières évidences de l'inévitable caducité!...

de Lisieux, et qu'il y a lieu d'attribuer à M. Martin, le feront comprendre.

« Les hommes se tourmentent et se don-
« nent autant de peine pour conserver leur
« vie à la veille de leur mort, que s'ils avaient
« encore plusieurs siècles à vivre. Ils agissent
« de même pour toutes les choses du monde :
« il n'y a rien qu'ils ne fassent pour les ren-
« dre immortelles.

« Cependant Dieu se moque de leur dili-
« gence, et il sait l'instant dans lequel il a
« résolu, de toute éternité, que ces choses ne
« soient plus (1). »

En 1881, au mois d'octobre, Thérèse fut envoyée, comme demi-pensionnaire, à l'Abbaye de Notre-Dame du Pré-de-Saint-Désir, où elle accompagna sa sœur Céline (2). Là elle se trouva en contact avec les filles de la

(1) Mgr Laveille : *Sainte Thérèse de l'Enfant-Jésus.*

(2- Qu'on remarque ce Saint-Désir. Dans la vie de Thérèse les mots eux-mêmes sont plus vrais dans leur sens symbolique que dans leur signification positive.

bourgeoisie lexovienne, égoïstes, intéressées, quelque peu rustres. Sa supériorité intellectuelle lui attira la jalousie de ses compagnes, phénomène qu'on eût prévu. Elles s'aperçurent vite qu'elle était gauche dans le jeu et timide dans les manières, ce qu'elles mirent à profit à son détriment. Thérèse, pendant le temps de sa vie d'écolière, fut une de ces élèves qui se retirent, aux récréations, dans un coin de la cour.

Il est peu probable, d'ailleurs, qu'à cette époque ses maîtresses aient distingué en quoi elle différait de ses compagnes. Ce qu'on a retenu d'elle qui se rapportât à ce temps, c'est qu'elle pleurait beaucoup, sans cause apparente et par crises. C'est qu'à l'âge où on ne pense d'habitude qu'à jouer, son occupation, à elle, était de regarder vivre les autres. Pendant que les bâtiments de l'Abbaye retentissaient des cris aigus particuliers aux filles en récréation, elle ouvrait, sur les menues choses de la nature, sur une pâquerette dans un coin de la cour, sur un oiseau mort aux pattes raidies qu'elle inhumait « honorablement », un regard ingénu et pénétrant.

On aime à imaginer que parfois, le samedi, en se rendant à l'Abbaye avec sa sœur et sa cousine, Marie Guérin, elle s'arrêtait dans la rue de Caen, le long des charrettes normandes, devant les moutons du marché, bêlants et pitoyables, et même devant les petits cochons roses angoissés au fond de leurs caisses à claire-voie. La dispute des paysans en blouse bleue empesée dut lui faire songer aux inutiles tourments que provoquent les intérêts. Et à la messe du matin, enfoncée dans sa stalle de la chapelle, petite, mince, prosternée, comme elle dut se replier, pour avoir vu cela, en Celui seul vers lequel allaient toutes ses pensées comme les ruisseaux vont au fleuve, en Celui qu'elle chantait déjà, en elle-même, sans prosodie, sans musique, sans rien qui justifiât l'inscription qui flamboyait au-dessus d'elle, à la tribune :

In chordis et organo laudate Deum.

Cette enfant qui récitait l'*Imitation* par cœur et qui, peut-être, l'eût découverte si un autre ne l'avait écrite avant qu'elle la vécût, n'était-elle pas déjà, vers ce temps, la *petite balle* (1) humaine de Jésus qui ne pouvait toucher les autres, la vie quotidienne, et la terre des intérêts, sans rebondir à Dieu?

(1) *Histoire d'une Ame* : VI, 107-108.

II

En 1882, vers la fin de l'année, Pauline Martin entra au Carmel. Thérèse, qui considérait sa sœur aînée comme une « petite mère », ne parvint à se résigner qu'en apparence à cette nouvelle séparation : elle fut prise de maux de tête. Au mois de mars de l'année suivante elle tomba malade à la suite de l'impression faite par les paroles de son oncle qui avait évoqué, dans une causerie, le souvenir de Mme Martin. Elle dut s'aliter. La faiblesse, jointe à une tension morale excessive, aggravèrent ce qui n'eût été, en d'autres circonstances, qu'un malaise fugace. Son père, en voyage à Paris avec Marie et Léonie, revint hâtivement à Lisieux aussitôt qu'on l'eut prévenu. La petite Thérèse subit alors une série d'accidents émotifs, des hallucinations la troublèrent et elle s'évanouit plusieurs fois. « Certains clous enfoncés dans « le mur de sa chambre lui apparaissaient « tout à coup sous la forme de gros doigts « carbonisés, et elle s'écriait : « J'ai peur! « J'ai peur! » (1). Le docteur Notta, qui la soignait, fut incapable de la guérir et même d'établir un diagnostic convenable.

Il semble que le mal dont a souffert Thérèse en cette circonstance ait une autre origine qu'un trouble transitoire de la fonction nerveuse. Il faut chercher cette origine dans un ordre supérieur, car les anomalies somatiques ne sont que la résultante, le remous, des conflits secrets et profonds qui agitent inlassablement les puissances spirituelles en tout individu. Et cet ordre est dans un domaine

(1) Mgr Laveille : *Sainte Thérèse de l'Enfant-Jésus.*

que la pathologie n'atteint pas, qui dépasse de trop haut le jugement d'un médecin de clientèle, qui échappe à la connaissance des savants de laboratoire et des théoriciens à système. Est-ce que la médecine a trouvé le secret, en tous temps, d'empêcher l'éclosion prématurée de ce mal sans remède : le génie? Thérèse souffrait de ce mal.

Entre l'âme de cette enfant au tempérament pascalien et les réalités du monde extérieur, l'équilibre des compromissions — cet équilibre dont notre médiocrité se contente — n'était pas possible. La vie, ce grand balancement de principes contraires, la vie qu'elle subissait plus qu'elle en jouissait, venait de lui poser, avec une acuité singulière, et brusquement, l'ultimatum de la Foi.

Pourquoi l'option entre le bien et le mal, le sacrifice et la jouissance, l'immortel et le périssable, devient-elle, pour les âmes de haute trempe, une question de salut immédiat ou de mort?

Pascal était en pleine adolescence, Pascal avait découvert les mathématiques et jugeait la vie quand le dilemme lui fut posé.

Thérèse était une petite fille, Thérèse avait à peine entrevu l'univers du cœur et ne savait rien de l'univers de la connaissance, Thérèse se pencha du côté de son Dieu.

O leçon du cercueil aux origines de l'enfance!

Un dimanche où les siens désespéraient tout à fait de sa guérison, elle remarqua qu'une statue de la Sainte-Vierge Marie, placée sur une console au voisinage de son lit, s'animait. Elle s'animait, sans qu'il y eût d'illusion possible... La vision s'avança, tranquille, en souriant, et sous les paupières de la malade des larmes de libération jaillirent tout à coup. Le lendemain Thérèse reprenait sa vie ordinaire.

Ainsi guérie elle revint à l'Abbaye où elle fit, en mai 1884, sa Première Communion. Tenter de décrire ou d'évoquer l'état de l'âme de l'enfant à l'instant de l'union divine et pendant l'heure d'émotion qui la précéda ou d'apaisement sanctifié qui la suivit, serait téméraire. « Il est de ces choses qui perdent « leur parfum dès qu'elles sont exposées à « l'air (1) » : elle-même l'a dit. D'ailleurs, la Confirmation qui lui fut donnée, le 14 juin, et qu'elle accepta comme la prise de possession de tout son être par l'Esprit d'Amour, l'impressionna semble-t-il autant, et plus encore peut-être, que la Première Communion. Ce

(1) *Histoire d'une Ame* : IV, 58.

fait est singulier si l'on considère qu'à la plupart des petits catholiques que l'on confirme dans nos églises, le sens du sacrement de l'Esprit échappe tellement que c'est une naïveté que de l'écrire.

Et passèrent alors, sur sa petite vie de demi-pensionnaire, les événements et les jours....

Les exigences de son jeune cœur la poussèrent à la recherche de petites amies de son âge. Les petites amies se détournèrent : entre elles et leur compagne elles avaient pressenti, plutôt que distingué, une *présence*. Moins timide, Thérèse eût pu leur dire, comme le personnage d'une pièce d'Henry Bataille :

« Pourquoi, lorsque je m'approche de vous,
« faites-vous comme le geste d'écarter *quel-*
« *que chose?* »

Elle ne pouvait savoir que, quand il veut une âme, et la veut à tout prix, Dieu fait au préalable le désert autour d'elle. Elle ne pouvait le savoir encore... n'étant qu'une petite fille qui commence à s'écouter et à vivre! Mais, quand elle eut senti le vide brûlant du désert, quand, après Pauline qu'elle aimait, sa sœur aînée, Marie, eut disparu derrière la grille voilée du Carmel, quand la Route fut libre devant les pas de *Celui qui devait venir,* Celui qui devait venir vint à elle...

Ce fut à Noël. Et c'est dans la Nuit de Noël, en 1886, que Thérèse eut la révélation de sa doctrine de petitesse. « La charité entra dans mon cœur avec le besoin de m'oublier toujours », dira-t-elle (1). Dès lors elle cessa d'opposer sa volonté particulière aux exigences de sa destinée (2).

Elle aura quatorze ans dans une se-

(1) *Histoire d'une Ame :* V, 75.

(2) « Jésus... me transforma de telle sorte que je ne me reconnaissais plus moi-même. » *Sainte Thérèse de l'Enfant-Jésus :* Lettre du 1er novembre 1896 au P. Roulland.

maine (1); son enfance naturelle est terminée et la vie de l'esprit commence.

« Mon enfance, adieu mon enfance. Je vais vivre (2)... »

Ne jugeons pas à la légère l'événement de cette nuit. Ne nous hâtons pas d'affirmer qu'il s'agissait d'une fillette sentimentale dont le cœur fondit d'émotion à la lumière chaude de la crèche. Sans doute en découvrant l'*Oubli de soi,* la clef secrète de la Porte étroite qui s'ouvre sur la *Petite Voie* du Paradis et de la paix, ne fit-elle pas les savantes méditations

(1) En quoi l'âge interviendrait-il, quand il s'agit de la poussée puissante de Dieu — la « *theia dunamis* » — lançant l'infiniment petit de l'âme humaine vers l'accomplissement des desseins éternels qu'il a prévus et arrêtés. « Je note en passant que les grands mystiques sont ainsi... La présence imminente, puis envahissante de Dieu leur est d'abord une affreuse torture. Ils n'en voudraient pas; ils reculent devant « le saut périlleux »... raisonnables quand ils résistent; plus raisonnables quand ils cèdent à la mystérieuse *dunamis* dûment reconnue divine. »

Henri BRÉMOND : *Prière et Poésie,* I, 6.

(2) Henri Bataille.

qui lui eussent montré « par où l'infini de petitesse rejoint l'infini de grandeur », sans doute!... Mais un jour viendra — et déjà il est venu — où la Nuit de Thérèse aura plus d'importance, pour les générations épuisées dans la lutte des incertitudes et de la foi, que tant de nuits fameuses de l'Histoire : cette nuit où Descartes enferma son orgueil raisonneur dans un poêle, et cette autre nuit où Jouffroy, poète dévoyé vers la philosophie, s'égara à chercher « Comment les dogmes meurent » sans comprendre pourquoi le Christ ressuscité ne peut plus remourir.

III

Ne nous hâtons pas d'affirmer qu'il s'agissait d'une âme orientée, par suite de ses origines, vers le subjectivisme et la contemplation, que Thérèse n'a jamais été qu'une Première Communiante qui prolongea jusqu'à la mort, à cause de la peur de la vie commune, le jour de sa Première Communion. Il est vrai que sa vie est simple, mais parce que simple, précisément, elle n'est perceptible dans ses profondeurs qu'à l'aide des déductions d'une analyse très avancée.

Ses journées du commencement de l'adolescence sont peu chargées en événements, vides d'aventures. Elle est, dans l'exactitude de l'expression, une petite fille de la bourgeoisie de ce temps, disciplinée et rigoureusement tenue. Mais ce qu'elle perd en variétés d'expériences elle le gagne en intensité d'émotions. Il n'en faut pour preuve suffisante que l'incident par lequel commence cette seconde partie de sa vie.

Un dimanche, dans la cathédrale Saint-Pierre de Lisieux, elle ferma son paroissien sur une image du Christ en croix. Une des mains trouées de Jésus mourant glissa, avec un angle de l'image, en dehors des pages. Et comme s'il se fût agi d'une main vivante et qu'elle eût distingué le tremblement imperceptible des chairs déchiquetées et violentées... le cœur de l'enfant « se fendit de douleur ».

« Je pensais à toi dans mon agonie, j'ai versé telles gouttes de sang pour toi (1). »... Que l'on se rappelle Pascal !

A partir de ce moment le cri de Désir de

(1) Pascal : *Pensées*, Ed. Brunschwig, Sect. VII, 553.

Thérèse en uniforme de Pensionnaire
de l'Abbaye des Bénédictines de Lisieux

Jésus : « J'ai soif ! » retentit dans le tréfonds de son être. Elle s'émut de compassion pour un assassin qu'on guillotinait : Pranzini. Et, parce que l'âme « qui cherche Dieu en vérité » (1) ne peut que l'entrevoir par une première expérience du cœur et que le Pèlerinage du Ciel ne finit pas aux aboutissants des Chemins d'enfance, il se trouva qu'en peu de temps Dieu lui-même l'avait conduite « au delà du cercle étroit » (2) où elle vivait.

Elle n'allait plus, vers ce temps — en 1887 — à l'Abbaye comme naguère : elle souffrait encore de maux de tête. Mais elle recevait, en compensation, chez une maîtresse de la ville, des leçons individuelles. Toutefois ce complément d'instruction était insuffisant pour les vastes aspirations de l'enfant. Elle fut séduite,

(1) S. Jean de la Croix.
(2) SAINTE THÉRÈSE DE L'ENFANT-JÉSUS : *Histoire d'une Ame :* V, 77.

4

un moment, par le désir et la curiosité de *savoir.* « Ne me contentant pas des leçons de « ma maîtresse, je m'appliquais, seule, à des « sciences spéciales; et par ce moyen, j'ac- « quis plus de connaissances en quelques « mois seulement que pendant toutes mes an- « nées d'études (1). »

Il n'est pas anormal, il est seulement singulier qu'elle ait pu traverser, au seuil de la quinzième année, les étapes qu'on ne franchit, habituellement, qu'aux approches de vingt ou trente ans. Il eût été possible, d'ailleurs, qu'elle excellât dans l'une ou l'autre branche des arts ou des sciences positives. Heureusement elle devina tout de suite l'écueil. « Ah! « s'écrie-t-elle, ce zèle n'était-il pas *vanité et* « *affliction d'esprit?* »

En présence de la *connaissance* et de la *prière,* les deux formes en lesquelles s'incarne,

(1) *Histoire d'une Ame,* V, 77.

un jour, fatalement, l'esprit humain, Thérèse choisit la prière. Elle découvrit — L'Esprit souffle où il veut — une *Ignorance supérieure,* plus difficile à acquérir que la science car elle est, ici-bas, la consommation de la science et le fruit de l'Amour.

Sans doute n'eut-elle pas, pour cela, le jugement d'un philosophe et n'embrassa-t-elle pas, dans une vue d'ensemble, le double courant des idées qui, depuis Aristote et Platon, si ce n'est depuis l'origine du monde, divise la pensée de l'homme? Sans doute n'eut-elle pas le loisir de le suivre, à la trace des peuples et au hasard des migrations, le long de l'Histoire, ou de l'analyser dans le détail des controverses. Elle fit mieux, elle en distingua les aboutissants : la stérilité de l'intelligence et des œuvres, épanouissement de la raison cartésienne et laïque; l'asservissement aux instincts, terme final du libéralisme démocratique et luthérien. Elle fit plus encore, au-dessus des voies ordinaires elle adopta la voie la plus sûre : la voie de la Foi.

C'est là que l'expérience humaine commence. Elle comprit qu'avec sa « nature ardente » (1), elle se trouvait au moment « le plus dangereux » de son existence et que Dieu, ayant vu « que le temps était venu » pour elle d' « être aimée » (2), il fallait nécessairement qu'elle devînt sienne (3). Alors l'i-

(1) *Histoire d'une Ame :* V, 78.

(2) *Ezéchiel :* XVI.

(3) Elle a été, au moins dans les premiers temps de sa vie, tourmentée par la nécessité d'accroître sa personnalité puissante en se dépassant elle-même. Cela est si humain ! Elle se présente comme une avide, une passionnée, mais repliée et contenue. Le nier équivaudrait à lui retirer le privilège du génie, car le génie est justement dans l'art de transposer en virtualités supérieures les puissances passionnelles qui sont au fond de chacun de nous. Ce serait enlever, en même temps, quelque chose d'essentiel au caractère impérieux de sa mission.

« Pensant alors que j'étais née pour la gloire, et cherchant le moyen d'y parvenir, il me fut révélé intérieurement que ma gloire à moi ne paraîtrait jamais aux regards des mortels, mais qu'elle consisterait à devenir une sainte. » *Histoire d'une Ame*, 1913 : IV, 55.

Il a fallu qu'elle ait la conviction que sa plus haute personnalité humaine ne serait jamais réalisée ici-bas et qu'à dé-

dée qui, depuis ses jeunes ans, restait latente dans ses pensées, s'éleva en elle : de s'en aller se reposer « à l'ombre de Celui » (1) qu'elle désirait.

faut de tout confident ou protecteur capable, dans son siècle et autour d'elle, de la comprendre, Dieu seul avait le pouvoir de la justifier dans l'avenir. « ...ma gloire à moi... » Ce cri « à moi » est symptomatique... C'est le cri que pousse toute enfance, toute vie, à la première blessure de son orgueil fondamental humilié. Et, par ce cri, la sainte elle-même confirme, quant à l'aspect positif de son caractère, la déduction de notre analyse.

(1) Cant. : II, 3.

IV

Mais toute volonté qui n'aboutit pas à l'action vaut, au plus, ce que vaut l'effort dans un rêve. Thérèse ne l'ignore pas. Elle n'ignore pas, non plus, qu'on n'atteint le spirituel qu'en passant par le positif. Ah! si la sainteté n'était que l'effet d'un élan du cœur ou de l'exaltation de nos esprits vers l'esthétique d'un paradis de philosophes! Mais elle est, avant tout, l'œuvre des mains, l'œuvre des nerfs. Pour cette enfant le quotidien de la sainteté va se résumer dans un nom : le Carmel.

Comment Thérèse comprit-elle sa vocation dans les premiers jours?

Si l'on entend par *vocation* l'appel discret

que les âmes éloignées de la mêlée des appétits ordinaires ont toutes entendu en proportion de l'intensité de leur foi, le problème, certainement, n'est pas à poser. Par la grâce, par le jeu des images pies, par le hasard dont il dispose et dont il oriente les effets avec l'habileté d'un ajusteur de précision, l'Esprit-Saint n'a cessé de solliciter cette enfance prédestinée. Thérèse n'a-t-elle pas prétendu qu'il animait, pour elle, les éléments? que la nature était le miroir où, mieux que Narcisse dans le ruisseau, elle distinguait le reflet de son âme?

« ...la nature était l'image de mon âme. « Quand je pleurais, le ciel pleurait avec moi; « quand je jouissais, l'azur du firmament ne « se trouvait obscurci d'aucun nuage » (1).

Mais sa vocation fut différente de l'ordinaire des vocations et, pour cette raison, elle se garda toujours de la scruter, de la définir :

(1) *Histoire d'une Ame :* V, 85.

le sentiment de son privilège la prévenait, la rassurait contre la crainte des illusions mieux que ne l'eût fait une certitude. D'ailleurs, ce n'est pas une Voix du cœur qui l'invite, comme invitait François d'Assise la voix de Notre-Dame de la Pauvreté; ce n'est pas l'ordre d'un envoyé qui la presse, comme cela eut lieu quand, dans un arbre illuminé, l'archange Saint Michel vint commander à Jeanne d'Arc. C'est une Force qui la pousse.

C'est une Force lente et puissante. Elle n'est pas de la nature : elle joue à contrarier la nature. Elle ne vient pas de l'intérêt : elle s'exerce sans laisser percevoir son but immédiat ou lointain. Elle n'a pas sa source dans le remous des opinions : elle engage en des voies que désapprouve la prudence humaine.

Afin de ne rien regretter des jours heureux de son enfance, Thérèse a fait disparaître à ses yeux « les choses passagères d'ici-

bas » (1). Elle a, par antithèse, enjolivé les perspectives imaginées de la petite Jérusalem vers laquelle la Force cachée l'oriente. Assise au *Belvédère,* les mains dans les mains de Céline, sa « sœur d'âme », les regards dans « l'azur profond semé d'étoiles d'or » (2), elle rêvait déjà :

« *...le Carmel,*
« *le Ciel!* »

Le Ciel et le Carmel sont, pour elle, une même chose : « ...déjà la foi et l'espérance « quittaient nos âmes, l'Amour nous faisant « trouver sur la terre Celui que nous cher- « chions » (3).

Ainsi cette théologienne de quinze ans croyait s'affranchir, en les dépassant, de l'espérance et de la foi, et vivre prématurément

(1) *Histoire d'une Ame :* V, 79.
(2) *Histoire d'une Ame :* V, 79.
(3) *Histoire d'une Ame :* V, 79.

la vie des anges! Elle devait expier durement, à l'approche de ses derniers jours, l'audace de cet élan hors d'elle-même. Mais cela, justement, était voulu par Dieu.

Ce fut à l'occasion de la fête de la Pentecôte, en 1888, que Thérèse, après les vêpres, sollicita et obtint de son père la permission de se présenter au Carmel, où étaient déjà Pauline et Marie. Mais c'est alors, et cependant que l'assentiment paternel lui donnait l'illusion qu'elle touchait au but de ses désirs, que commença, pour elle, une aventure comparable à celle de ces marches des rêves, dans lesquels l'objet poursuivi se dérobe quand on s'apprête à le saisir. Son oncle et tuteur, averti, refusa d'abord son consentement. Cette entrée d'une enfant dans un ordre austère « lui paraissait contre la prudence humaine ». Toutefois, ayant prié, il ne tarda pas à changer d'opinion. Ce jour-là Thérèse rentra aux Buissonnets l'âme ravie, « sous le beau ciel dont les nuages s'étaient complètement dissipés » (1).

Mais quelqu'un auquel on ne pensait pas brisa net ce premier transport : le chanoine Delatroëtte, curé de Saint-Jacques de Lisieux et supérieur ecclésiastique du monastère des carmélites. A la visite que vint lui faire M. Martin, accompagnant sa fille, il opposa une réserve hostile et laissa les solliciteurs se retirer sur l'impression d'un « Non! » définitif. Thérèse se heurtait, pour la première fois, à une puissance : la discipline.

Dans cette histoire de la sainte, le chanoine Delatroëtte représente l'obstacle inévitable et nécessaire, le passé traditionnel, immobile, opposant sa loi de prudence à tout élément novateur.

Pour consoler sa fille M. Martin la conduisit à l'évêché. Mais, ayant entendu la requête,

(1) *Histoire d'une Ame :* V, 85.

l'évêque demeura indécis et crut sage de ne pas prononcer les paroles libératrices que, justement, elle attendait. Thérèse défendit sa cause, s'émut, perdit son enthousiasme et ses arguments, mais conserva sa volonté.

C'est ici que les romanciers à prétentions psychologiques auraient beau jeu d'écrire, pour justifier l'obstination de la jeune fille, que l' « *esprit de suite* » est dans le caractère des êtres passionnés. En réalité le mobile d'une telle persévérance dans l'effort est trop complexe pour s'accommoder d'une raison élémentaire. Et peut-être d'ailleurs fut-ce l'Esprit-Saint, le grand ami des désespoirs et des causes désespérées, qui, lassé de voir son œuvre indéfiniment compromise, insuffla à l'enfant un cri intérieur : « J'en appelle au pape! »

Thérèse vint à Rome, le 4 novembre, en compagnie de sa sœur Céline et de son père, à l'occasion d'un pèlerinage organisé par le diocèse. A trois heures du matin le petit groupe traversa la ville de Lisieux « ensevelie sous les ombres » et les tristesses froides de ces lendemains de Toussaint.

« Je me sentais aller vers l'inconnu », écrira-t-elle.

Mais elle y allait pour tant de chrétiens qui se refusent à risquer leur petite personne et leurs précieuses commodités dans cette marche de la Foi après laquelle on trouve Dieu.

On fit une halte à Paris, pour le rassemblement des pèlerins.

En Suisse, devant les masses du Pilate et du Righi qu'elle aperçut, à la portière du train, au passage, Thérèse, pour la seconde fois, fut immobilisée par un saisissement. D'un trait elle s'éleva, par la pensée, jusqu'à « Celui qui s'est plu à jeter de pareils chefs-d'œuvre sur une terre d'exil qui ne doit durer qu'un jour ! » (1).

(1) *Histoire d'une Ame* : VI, 97.

Après le paysage elle observa les voyageurs. Il y avait devant elle, à côté d'elle, quelques-uns de ces types humains perpétuels que les générations et les siècles ont à peine modifiés : le pèlerin qui joue aux cartes sur la banquette ; le vieux noble très plastronné qui fait sonner ses titres ; le rentier amolli par l'usage immodéré des fauteuils et le vide de la pensée ; le chrétien combatif, affairé, discoureur, qui trouve dans la religion les éléments pour exercer l'activité de ses humeurs. Alors elle comprit qu'on ne juge des événements et des hommes à leur valeur qu'avec une mentalité d'outre-tombe, et elle conclut que c'est une intéressante étude « que celle du monde, quand on est sur le point de le quitter » (1).

Le voyage continuant elle visite quelques villes : Milan, Venise, Padoue, Bologne. Elle entre, à Lorette, dans la maison du petit

(1) *Histoire d'une Ame* : VI, 99.

Jésus : elle est chez elle. Et le train repart, emporte en ferraillant le pèlerinage et la Normandie, roule à travers les Apennins en Toscane, en Ombrie, et, dans le Latium, le long du Tibre, serpente dans une vallée sous les feux du soir. On se serre. La lassitude accable et la fraîcheur des nuits de novembre pénètre la chair. On somnole. Tout à coup les dormeurs se réveillent dans un tumulte, une rumeur. Une voix crie, cent voix répètent :

— Roma!

« Roma ! Roma ! Ce n'était pas un rêve... » (1).

Ainsi se réveilleront, à la fin du voyage de la vie, les dormeurs de la nuit du péché; les somnolents de la tiédeur, de la routine, de la foi morte; les anesthésiés du scepticisme.

Roma!

A Rome Thérèse retrouva *une amie d'en-*

(1) *Histoire d'une Ame :* VI, 101.

fance : Sainte Agnès. Après six jours pendant lesquels la dévotion et la curiosité eurent leurs satisfactions respectives, vint enfin un septième jour : le jour du Vatican, le grand jour. Mais, avant d'introduire les pèlerins dans les appartements de Léon XIII, l'abbé Révérony, qui les conduisait, leur défendit « expressément » de parler au Pape.

Ainsi, arrivée au but, Thérèse voyait s'évanouir sa dernière chance de secours.

— Parle, lui dit Céline.

Alors, les mains sur les genoux du Pape, la sainte parla.

— Très saint Père, dit-elle... permettez-moi d'entrer au Carmel à quinze ans.

Aussitôt le Vieillard du monde se pencha sur elle. Le Pape c'est l'Eglise... Thérèse c'est l'envoyée de Dieu qui vient sauver les âmes dans l'Eglise. Le Pape se pencha si près d'elle que les deux respirations se mêlèrent.

L'abbé Révérony crut nécessaire de hasarder une explication.

« — Très saint Père, c'est une enfant qui « désire la vie du Carmel ; mais les supérieurs « examinent la question en ce moment. » (1).

Mais à cette heure, le Pape, qui regardait Thérèse, la *connaissait* mieux que l'abbé, les supérieurs et les pèlerins.

Et justement, l'ayant reconnue, et désirant qu'elle se prouvât elle-même par le signe de la patience, il la renvoya sans la rassurer.

Alors Thérèse crut sa mission et son existence manquées. La vie est si courte pour ceux dont les projets dépassent de si haut le petit monde des intérêts, des appétits !...

— Ah ! c'est fini ! se disait-elle.

Et l'Italie pleura sur elle, avec elle, ce jour, toutes les larmes de son ciel.

(1) *Histoire d'une Ame* : VI, 106.

V

Vinrent décembre, Noël, les crépuscules noirs... et l'hiver désola les collines de Normandie.

Depuis le retour de son pèlerinage du Vatican on ne parlait, aux Buissonnets, des projets de Thérèse, qu'avec ménagements et réticences. Une lettre adressée, en dernier recours, à l'évêché, n'avait pas produit plus d'écho qu'une feuille morte dans le vide d'un précipice.

Vinrent Noël, la solitude... et la lassitude du cœur !

En y réfléchissant elle pouvait comprendre, maintenant, que sa démarche n'avait été que ce qu'elle pouvait être : une tentative d'enfant.

— Ah! c'est fini! ne cessait-elle de répéter en secret.

Ainsi la volonté, achevant son effort, chancelle et s'abandonne. Et c'est, précisément, à l'heure qu'a prévue la Sagesse supérieure qui conduit toute destinée et dont la méthode commune est d'attendre ses privilégiés à la limite de leurs espoirs. Le 2 janvier 1888 la famille Martin fut prévenue que l'autorisation sollicitée venait d'être accordée par les supérieurs : le silence de Rome avait fait son œuvre. Cependant la prieure du Carmel, Mère Marie de Gonzague, reporta au 9 avril la date de réception de Thérèse. Elle marquait par ce retard la déférence convenable aux cheveux blancs du chanoine Delatroëtte, toujours intransigeant quoique soumis.

La veille du grand jour il y eut, dans la

salle à manger de la villa des Buissonnets, une réunion de famille. M. Martin prit place dans l'un des fauteuils que l'on voit, maintenant, près de la cheminée. M. Guérin, qui aimait à juger debout des événements et des circonstances, s'accouda au rebord du buffet à torsades. La sœur et les cousines de Thérèse, attentives, intimidées, attendaient autour de la table. Au-dessus d'une grosse lampe de faïence, contre la poutre du plafond, un nimbe de feu jaune se projetait en vacillant. Pendant que la conversation se déroulait, celle pour qui cette veillée était une dernière veillée gardait le silence. Quand un être devient le centre de la pensée d'un groupe et qu'il sait que son moindre geste sera jugé, il est paralysé dans ses moyens d'action les plus ordinaires. Et, ce soir-là, ce n'était pas seulement aux paroles des siens que l'ombre s'animait d'images du passé : la maison tout entière s'occupait d'elle. Ah! comme les menus objets immobiles, muets, deviennent vivants tout à coup à ces heures des séparations définitives! La flamme de la lampe murmure doucement dans sa cage de verre; Thérèse aperçoit, au fond de la petite glace de la cheminée, des yeux tristes, des visages aux attendrissements insoupçonnés. La pendule, sous son globe, bat comme un cœur qu'on abandonne son tic-tac las et désolé. Ce que disent son père, sa tante, ses sœurs, est justement ce qu'elle eût préféré ne pas entendre...

« Alors que l'on voudrait se voir oublié, les « paroles les plus tendres s'échappent de tou- « tes les lèvres, comme pour faire sentir da- « vantage le sacrifice de la séparation. » (1).

Le lendemain, dans le matin frais, les demoiselles Martin avec leur père sortirent de la maison des Buissonnets. Au bas de l'escalier la porte de l'enclos grinça dans le mur.

(1) *Histoire d'une Ame :* VII, 116.

A ces heures exceptionnelles où le flux de la vie atteint, en nous, au niveau des choses de Dieu, on ne retient — cela n'est-il pas singulier? — que le superflu, le détail : le timbre d'une voix ou le gémissement du passereau « sous le toit solitaire » (1). Thérèse retint le grincement d'une porte de fer.

Quand le petit groupe descendit par le sentier qui débouche sur la route de Pont-l'Evêque, les moineaux pépiaient, comme chaque matin, dans la haie reverdie à la limite des vergers du voisinage. Adieu, perspectives du temps de l'enfance : petits jardins..., vieilles murailles..., désordre de toitures, de pignons pointus sur la ville..., pommiers en fleurs dans la brume, sur les collines, comme un mois de Marie au travers de l'encens!

On fit signe, en passant, aux parents Guérin qui attendaient derrière les vitres de leur

(1) *Imitation* : IV, 12.

pharmacie. Dans la rue de Livarot, Thérèse écouta, comme dans un rêve, les eaux légères de l'Orbiquet, qui coule entre les masures et les lavoirs, chanter l'avril, chanter la vie... Et la chapelle des carmélites lui apparut, avec ses colonnettes, son dôme écrasé, son pinacle grec, les écailles de plâtre vieilli de sa façade, derrière une grille rouillée.

Elle entendit la messe en même temps qu'elle écoutait, au fond d'elle-même, une voix :

Celle qui pour moi quittera son père, ou sa sœur...

Une atmosphère de silence lourd, de sanglots retenus, de passé mortuaire, l'enveloppait. Elle communia... La beauté de Jésus transparut tout à coup dans l'être de Thérèse comme une hostie de Fête-Dieu dans le cristal de l'ostensoir. Mais elle-même ne le sut jamais. Elle se repliait tout entière contre le Bien-Aimé. Adieu le monde!

Elle s'avança jusqu'à la porte de clôture, et le tumulte de son cœur étouffait le choc timide de ses pas. Son père la bénit sur le seuil. Elle entendit un bruit de bois et de serrure qui retentit jusqu'au fond des cloîtres : encore le détail, la chanson que l'on n'oubliera jamais plus.

La Mère Prieure la conduisit, le long des cloîtres et des couloirs, à la cellule où Thérèse aperçut, déposée à son intention, le bonnet noir et le collet des postulantes. Elle considéra longuement la chaux des murs, la croix de bois pendue, la paillasse et les planches du lit, le sablier au bord d'une table.

A travers la fenêtre divisée en petites vitres carrées elle regarda vers le ciel, dernière issue, vers le ciel si haut, vers le ciel si loin...

« Mon enfance, adieu mon enfance..... »

VI

Dès les premiers jours on lui confia un balai, puis on lui définit les devoirs de son postulat : entretenir dans un état de propreté méticuleuse un escalier et un dortoir (1). Elle n'en fut, apparemment, ni humiliée ni déçue. En adoptant l'état religieux cette enfant, si téméraire dans ses élans, si positive dans ses projets, en avait envisagé les nécessités et les contingences. Et puis elle avait compris, jeune encore, que les actes de la créature, depuis celui de la fourmi charriant une aile de mouche, jusqu'à celui d'un empereur chassant de Rome ou de Paris les Barbares et les idées,

(1) Le corridor sur lequel s'ouvrent, dans les carmels, les portes des cellules.

sont, en définitive, sans importance. « Dieu n'a pas besoin de nos œuvres ». Mais nos œuvres tirent leur valeur de l'étendue et de l'intensité de notre amour.

Thérèse se mit donc en demeure de balayer son escalier et son dortoir, se rangeant contre la muraille quand passait une sœur de chœur dont le manteau blanc prenait pour son vol tout l'espace. On l'attacha, en même temps, au service de la lingerie, et, afin qu'elle n'encourût pas le risque de demeurer inoccupée après avoir plié et empilé sur leurs rayons les guimpes, les voiles, on lui confia le soin d'arracher, au jardin, l'après-midi de chaque jour, les orties de la pénitence.

Ce fut pendant qu'elle s'employait à cette besogne, certain jour, que la Prieure, qui passait là eut un mouvement d'impatience en rencontrant cette postulante qu'on envoyait ainsi « à la promenade ».

— Enfin, cette enfant ne fait aboslument rien! s'exclama-t-elle.

Thérèse, se contenant au point où la tentative d'excuse n'est encore qu'une impulsion, et se conformant aussitôt aux *Constitutions* du Carmel, baisa la terre sans répondre.

D'ailleurs, quand sa volonté trop tendue menaçait de fléchir, la rencontre de la maîtresse des novices, dont le nom seul Marie des Anges était déjà une caresse, suffisait à son réconfort. Puis le temps n'était plus où elle s'apitoyait sur son propre sort, pleurait sur tout, pleurait sur elle, pleurait même d'avoir pleuré. (1).

« Il en coûte à Jésus de nous abreuver d'amertume », écrivait-elle, vers cette époque, à Céline, sa sœur, « mais il sait que c'est « l'unique moyen de nous préparer à le con-

(1) *Histoire d'une Ame :* IV. 70.

« naître *comme il se connaît, à devenir des* « *dieux nous-mêmes* » (1).

Quinze ans! On conçoit quelles promesses peut réaliser une enfant qui présume de prolonger jusqu'à cet horizon la ligne de sa vie. On devine à quels heurts violents avec le quotidien habituel s'expose une intelligence dont le début est de condenser en un mot toute la doctrine du Christ. Que ceux mêmes qui seraient portés à voir uniquement dans la gloire de Thérèse canonisée les ingénuités de Thérèse enfantine méditent sur cette parole! La conscience n'est souvent qu'un éclair dans la nuit profonde de notre vie de cette terre, mais quel éclair que celui-là!

Aussi ne fut-elle pas comprise par un premier confesseur que les récidives des pénitentes habituelles avaient sans doute depuis longtemps désenchanté. Un autre confesseur la

(1) Sainte Thérèse de l'Enfant-Jésus : Lettres, dans *Histoire d'une Ame*, 315.

devina, mais fut seulement de passage dans cette vie de solitaire.

Ainsi passa l'été. Et quant septembre fut venu, que les hirondelles eurent cessé de tracer des croix dans le ciel, sur le dôme du monastère, quand les marronniers du jardin eurent lâché, dans les allées, leurs gousses lourdes et fendues, Thérèse découvrit une amie qu'elle n'eut jamais soupçonnée : la *cellule...*, l'amie des grandes heures et des sacrifices intimes.

Dans le silence de la cellule ses virtualités profondes sollicitées par le contact d'autrui, surexcitées par les contraintes, firent éclosion en même temps, comme les fleurs d'une corbeille. Dans le silence de la cellule elle se retrouve et se juge. Sans doute elle peut regretter les douces veillées de septembre dans la villa des Buissonnets..., elle les regrette en s'attendrissant : elle est humaine. Mais la cellule, autant que les auteurs spirituels qu'elle médite, s'ingénient à lui enseigner que les saints ont pour habitude de rejeter les satisfactions éphémères du temps vers les béatitudes de l'avenir du ciel. En quittant le toit paternel pour se rendre au couvent elle a regardé au passage, elle s'en souvient, les maisons des hommes. Elle a compris, ce jour-là, qu'elle n'aurait jamais, ici-bas, de logis semblable, que son labeur serait de chercher *ailleurs*, selon l'enseignement du Maître, une demeure pour son repos (1), et qu'il est nécessaire, quoi que l'on entreprenne, que l'espoir dépasse toujours le but accessible à l'effort.

(1) « Car nous n'avons point ici-bas de Cité permanente, mais nous cherchons celle qui est à venir. »
Saint-Paul : Hébr. : XIII, 14.

Sainte-Thérèse de l'Enfant-Jésus
demande à son père l'autorisation d'entrer au Carmel

VII

Quand le premier hiver eut bien enveloppé son cœur et le couvent, quand l'étoile qui l'avait conduite vers la crèche de son Amour, à Bethléem en Normandie, eut disparu au-dessus des pommeraies lexoviennes, quand elle eut éprouvé, au fond d'elle-même, les transports discrets qui préludent aux fiançailles de la volonté, Thérèse de l'Enfant-Jésus se prépara à la cérémonie de la vêture.

Les fêtes de Noël et de l'Epiphanie étaient passées, mais, dans l'atmosphère immobile du cloître, un écho affaibli du chant des anges de la paix revenait par intermittences sous les cintres et les voûtines. L'air lui-même s'était singulièrement adouci, comme si l'avril, cette année, eût comencé avant sa saison. Thérèse qui avait rêvé, pour le jour de ses fiançailles, de neige et de blancheur, se contristait de ce temps neutre. Le matin même de ce jour elle leva les yeux, interrogea le ciel.

Mais le ciel souriait derrière un voile de brumes tranquilles.

Elle passa enfin la porte de clôture et son père, qui l'attendait, ne put contenir un tressaillement.

« Ah! la voilà donc ma petite reine! »

C'est alors qu'elle revêtit la robe ornée de cygne et de point d'Alençon qu'on nous montre sur les images. Puis, au bras de M. Martin, elle vint s'agenouiller dans la chapelle — côté monde.

Oh! c'était une pauvre chapelle, peu fréquentée à cette époque. Mais elle abrita pour une heure, ce matin-là, un trésor plus précieux que la châsse d'or et d'argent où l'on a recueilli les ossements privilégiés et la poussière bienheureuse de l'héroïque jeune sainte : la sainteté qui vivifiait cette poussière et animait ces ossements.

On avait arrangé, sur les épaules de Thérèse, ses longs cheveux blonds et bouclés que l'on voit aujourd'hui sous la vitre d'un reliquaire. De pieuses personnes pleuraient. Pour elle, sous son voile, elle était à la fois intimidée et résolue. Sans murmure de mots ni remuement des lèvres, au chant du *Te Deum* que Monseigneur avait entonné, profondément, elle priait.

Quand un être se replie de toutes ses forces sur lui-même et que son cœur se met à battre à l'unisson du mouvement de l'univers, il grandit hors de toutes limites humaines : il est entré dans l'éternel.

C'est là que les affections les plus chères sont impuissantes à le suivre ; là que toutes les connaissances rationnelles sont vaines ; là que l'âme prend conscience de sa situation véritable : dans l'espace et dans le temps un *isolement* devant Dieu.

Son père la bénit, agenouillée, et, quand on ouvrit la porte du cloître, elle embrassa les pieds du crucifix qu'une religieuse lui présentait. Puis, comme elle levait les yeux, elle vit que les toits, la croix du monastère, le préau, étaient couverts de neige, et son cœur s'exalta.

Alors la procession des vierges venues pour la recevoir sur le seuil se mit en marche au chant d'un hymne. Et la petite porte fut refermée sur le monde, sur les inutiles passions et les vaines chimères du monde — à jamais.

VIII

L'année de son noviciat achevée, Thérèse ne fut pas appelée à prononcer ses vœux : le chanoine Delatroëtte s'y opposait. Alors commença pour elle une période de transition, d'attente indéfinie, une de ces phases de la vie où toute discipline devient contrainte, où l'effort hésite, surpris d'être si près du but et de ne pouvoir le saisir. Mais, justement, le sentiment de son impuissance lui fit toucher au cœur l'infortune d'autrui. Elle s'attacha au service d'une sœur Saint-Pierre, religieuse converse âgée et maussade. Chaque soir, à six heures moins dix, elle la conduisait au réfectoire, se dérangeant de l'oraison et suivant l'infirme en la soutenant par la ceinture.

Quand, sous le péristyle, la sœur butait contre une dalle dépassante, elle gémissait : « Ah! mon Dieu! vous allez trop vite, j'vais m'briser! » Si Thérèse ralentissait le pas, la paralytique s'impatientait : « ...Je n'sens pas vot' « main, vous m'lâchez, j'vais tomber! » (1). La novice installait sa protégée au réfectoire, lui relevait les manches « d'une certaine ma-« nière » (1), lui coupait son pain et lui souriait, comme à une enfant que l'on console, que l'on apaise...

Si nous rapportons cet événement anodin, c'est qu'il est caractéristique de la méthode de Sainte Thérèse : la sanctification dans l'exercice des vertus ordinaires. La sœur Saint-Pierre est une sœur universelle et beaucoup de lecteurs la reconnaîtront. Elle est, dans les foyers, la vieille parente difficile; dans les groupes le camarade sans intérêt ; un peu par-

(1) *Histoire d'une Ame :* X, 193.

tout l'infirme exigeante ou la malade irritable qu'on supporte et qu'on ne peut aimer sans effort. Retenons la leçon de la sœur Saint-Pierre.

C'est en remplissant cet office de charité que Thérèse eut un soir — « il faisait froid, « il faisait nuit... » (1) — la vision d'un salon illuminé sur une scène de danse bourgeoise et de « jeunes filles élégamment vêtues » (1), et qu'une musique d'amour venue de là traversa les briques du cloître pour l'émouvoir.

C'était une image et une mélodie qui remontaient, des fonds insondables de sa pensée : l'image de ce qu'elle aurait pu devenir avec sa beauté, ses dons naturels et son cœur, si... Mais la puissance de la foi refoula cette vaine polka et ce vain remuement de fantômes, et les empêcha de troubler la paix du monastère et le recueillement du soir.

(1) *Histoire d'une Ame :* X, 193.

IX

Enfin la date de la cérémonie de profession fut fixée au 8 septembre. Au cours de la pieuse veille de ce jour, Thérèse écrivit à sa sœur Marie :

« Demain je serai l'épouse de Jésus (1), de « *Celui dont le visage était caché et que personne n'a reconnu.* » (2).

Pourquoi cette évocation du *visage caché,* ce choix spontané de l'image de Jésus secret, projetée par Isaïe sur l'avenir des siècles comme une lueur fulgurante et basse éclairant, par intermittences, les routes par les-

(1) Sainte Thérèse de l'Enfant-Jésus : Lettre du 7 septembre 1890 à Marie du Sacré-Cœur.

(2) Isaïe : L III, 3.

quelles les civilisations humaines s'en vont au Jugement dernier?... Pourquoi cette retraite vers « Celui que personne n'a reconnu », comme vers le seul Refuge devant laquel s'arrête enfin, l'ombre du cercueil qui, à chaque pas qu'elle fait depuis l'enfance, avance d'un pas devant elle?

Pourquoi? Qui le dira? Elle-même l'ignore. Car il faudrait qu'elle eût, pour le savoir une connaissance d'elle totale — et dangereuse. Mais qui de nous a pénétré jusqu'au sanctuaire profond où se tient tapie, anxieuse, aux écoutes, Celle qui est le *vrai* de nous-mêmes, Celle qui nous regarde vivre, immobile, *et ne parle jamais?*

D'ailleurs cette retraite silencieuse dans l'espoir (1), dont elle eût dû attendre, lui avait-il semblé, la consolation des angoisses et

(1) « *Votre force sera en silence et en espérance.* » Règle primitive d'Albert... pour les Religieux du Mont-Carmel; édit. de 1865 : Oudin, Poitiers, p. 63.

des contraintes enfantines, fut tout entière d'aridité et d'abandon. Une fois encore l'attente passionnée avait dépassé le réel humain. Elle avait souhaité le privilège qu'aucune sainteté même ne justifie : Jésus intérieur, Jésus manifesté par une de ces évidences qui fixent à jamais une âme dans sa Loi. Mais rien... que la psalmodie des Heures canoniales..., ou le silence de la cellule, de l'oratoire, pendant le temps de ses oraisons, rien... qu'elle-même qui, dans l'élan de toute ferveur ou le recueillement de toute introspection, se retrouvait obstinément.

Tout à coup sa vocation lui apparut comme « une chimère » et elle devint comme quelqu'un qui se réveille d'un cauchemar. Comme si l'implacable et lourde raison qu'elle tenait du sang de sa race eût étouffé en elle la voix timide de la Sagesse, elle eut le sentiment qu'elle trompait la communauté, qu'elle se trompait elle-même, qu'elle jouait le rôle qu'elle aurait dû remplir en le vivant, et que le seul moyen qui lui restât de prouver sa sincérité, c'était de retourner chez elle. Elle avoua son désarroi à la maîtresse des novices.

Marie des Anges n'avait, certes, pas lu les in-octavos magnifiques des psychologues officiels, elle ignorait la vivisection de l'esprit telle qu'on l'imagine à l'université ou l'hôpital. Et cependant elle eut le mérite de découvrir l'animateur secret de ce conflit inattendu. Le démon — « car c'était lui » — enserrait dans un réseau d'incertitudes et de scrupules multiples et subtils, l'âme de Thérèse en l'affaiblissant. C'est son procédé le plus ordinaire. Il insinue le doute pour lasser la raison; se joue à balancer l'intelligence de la vérité à l'erreur pour égarer le jugement; imagine, pour achever, une obsession envahissante qui décourage de l'effort en irritant la volonté.

« Ah! comment dépeindre mes angoisses!

« Que faire dans une semblable perplexité? » (1) s'écrie Thérèse.

Mais la maîtresse des novices la rassura en souriant.

Le lendemain, pendant que la communauté en procession accompagnait la retraitante à la salle capitulaire pour qu'elle y prononçât ses vœux, une nuée d'hirondelles s'abattit sur le monastère et vint raser les murs du cloître, d'un vol éperdu.

Dans le silence du couvent les événements les plus ordinaires apparaissent facilement sous leur aspect d'éternité : ces hirondelles, évoquant une volée d'anges, firent une impression saisissante. Et ce fut sous le présage de cette gracieuse visite d'en-haut que les sœurs entrèrent deux à deux dans la salle, en chantant un hymne, et se glissèrent à leur place....

O gloriosa Virginum...

(1) *Histoire d'une Ame :* VIII, 133.

Thérèse vint s'agenouiller aux pieds de sa Mère Prieure. En secret elle avait écrit un blllet qu'elle tenait serré sous son scapulaire, contre son cœur.

« *O Jésus!... Que je ne cherche et ne trouve* « *jamais que vous seul! Que les créatures ne* « *soient rien pour moi, et moi, rien pour elles!* « *Qu'aucune des choses de la terre ne trouble* « *ma paix.*

« *O Jésus, je ne vous demande que la* « *paix.* » (1).

Ainsi elle atteignait, en cette minute décisive, dans ce soupir qui la libérait, à cet isolement de la croix qu'aucune définition ne ferait comprendre et dans lequel l'âme se dépouille du périssable qui l'enveloppe comme le papillon qui fend sa chrysalide et s'en va. Alors ce fut dans une paix « qui surpasse tout senti-

(1) *Histoire d'une Ame.:* VIII, 134.

ment » (1) qu'elle mit ses deux mains dans les mains que sa Prieure lui tendait et qu'elle prononça les paroles définitives des vœux :

« Je, sœur Thérèse de l'Enfant-Jésus, fais « ma Profession et promets Chasteté, Pau- « vreté, Obéissance à Dieu Notre-Seigneur « et à la Bienheureuse Vierge Marie, sous « l'autorité de Monseigneur l'Evêque et de « nos Supérieurs, selon qu'ils sont établis sur « notre Ordre, conformément aux Brefs de « nos Saints-Pères les Papes, et fais cette « Profession selon la Règle primitive de l'Or- « dre dit du Mont-Carmel, qui est sans miti- « gation, et ce, jusqu'à la mort. » (2).

— *Immola Deo sacrificium laudis..* psalmodia une voix près de Thérèse, quand celle-ci se fut liée par la promesse.

(1) *Histoire d'une Ame :* VIII, 133.

(2) Cf : *Cérémonial à l'usage des Religieuses Carmélites déchaussées de l'Ordre de N.-D. du Mont-Carmel.* Paris, Mersch, 1888.

Les religieuses, tournées vers leur compagne, ajoutèrent :

— *Et redde Altissimo vota tua.*

Et la nouvelle professe, en remettant à la prieure la formule des vœux, parfaitement signée, acheva...

— *Vota mea Domino reddam.*

Alors on entonna le *Te Deum* et la cloche du monastère s'ébranla tout à coup dans son petit clocher.

Cette journée passée dans la blancheur et l'idéal laissa dans l'esprit de Thérèse une impression ineffaçable. Il faut avoir longtemps médité sur cette vie ardente et contenue d'une âme que le génie n'a pas comblée et que la sainteté parvint à peine à satisfaire pour comprendre le sens que cette carmélite de dix-sept ans attribuait à son serment de profession. Enfant, elle avait découvert l'entrée secrète du chemin chrétien de la sagesse. Elle pénétrait, cette fois, sur la voie désertique qui mène jusqu'au bout du message de Jésus-Christ : elle avait signé le contrat du ***dépouillement*** absolu (1).

Sans doute elle trouva un réconfort dans la pensée des chrétiens illustres — ses frères, ses sœurs aînées — qui, ayant gravi avant elle, le même sentier difficile, avaient laissé la trace de leur passage, de leurs luttes : François d'Assise, Jean de la Croix, Thérèse de Jésus, Jeanne d'Arc. N'étaient-ils pas présents, quoique invisibles, aériens, à cette cérémonie du mariage d'un ange et du Christ? Et comme si la vie de cette nouvelle épousée n'était faite que de la respiration de ces grands vivants de naguère, n'était-ce pas la chaleur de leur propre voix qui ranimait sa volonté quand les images de sa douce enfance, les souvenances assoupies que le bruit d'une porte ou le regard de sa sœur Pauline réveillait, la faisaient sou-

(1) « La profession religieuse étant un contrat irrévocable entre Dieu et la créature... » *Cérémonial*, IV.

dainement défaillir ? Comme eux n'avait-elle pas accepté l'abandon des biens de fortune, le brisement de la volonté, l'abdication de l'intelligence et le renoncement à la personnalité elle-même...., la mort enfin — car le Christianisme est cette mort — par laquelle la naissance de Noël recommence et qui peuple de ressuscités le Royaume de Dieu ?

Et ce fut la pensée du Royaume de Dieu qui consola Thérèse, après cette journée, à l'heure de la détente et de l'apaisement, quand la conscience laisse le cœur libre et que le cœur, lassé par le poids du devoir, évoque, spontanément, la liberté perdue à l'origine des races et des âges. Elle sentit que le temps n'emporterait pas son bonheur. C'était quelque chose déjà de cette fixité de l'esprit qui seule est le privilège de la nouvelle vie dans le Royaume. Et elle tressaillit de « joie » dans la « paix en contemplant les belles étoiles du firmament », et pensant que « *bientôt* » elle s'envolerait au ciel pour s'unir à son divin Epoux, « au sein d'une allégresse éternelle ». (1).

Thérèse n'eut pu se contenter de ce que nous appelons, aujourd'hui, l'acte de foi : elle *vivait* la foi.

(1) *Histoire d'une Ame :* VIII, 124.

X

A partir de cette époque la vie de la jeune carmélite devient de plus en plus sa vie en Dieu, sa vie cachée. On la devine dans le menu détail des événements quotidiens auxquels elle se trouve mêlée, dans ses gestes, dans ses paroles, dans certaines expressions singulières qui trahissent des réactions inattendues contre le monde contingent. C'est ici que nous abordons cette partie de l'*Histoire d'une Ame* dont Thérèse elle-même a dit que bien des pages n'en seraient pas lues sur la terre.

La vie, — la nôtre — d'ailleurs, avec ses souffrances que rien ne révèle, ses désirs qui ne trouvent ni leur stabilité ni leur apaisement, ses contraintes qui ne disparaissent que pour laisser la place à d'autres contraintes plus implacables, n'est-elle pas aussi un livre illisible, ici-bas, pour le monde, pour nos proches et pour nous-mêmes ?

Engagée, par suite de son propre choix, sur la *Via crucis* que Jésus lui-même ne put parcourir jusqu'au bout sans tomber plusieurs fois de fatigue (1), Thérèse, vers ce temps de sa persévérance, place sans arrière-pensée, et d'une façon absolue, sa confiance en Dieu. Elle n'espère et n'attend rien d'elle-même, de son intelligence, de ses moyens humains. On ne découvre, en elle, aucune de ces restrictions symptomatiques des survivances de l'égoïsme, qui maintiennent tant de chrétiens en stagnation dans les états inférieurs. Elle se réduit au rôle d'enfant qui ne pense jamais au lendemain et jamais ne s'inquiète de prévoyance, de soins de santé, de probabilités même légitimes.

(1) « *Quoerens me, sedisti lassus.* » — Séquence de la Messe des Morts.

Où la voix intérieure la pousse, elle va. Elle ne se met point en peine, même, pour ses faiblesses, sachant que Dieu — notre Père — ne tolère la tentation que pour nous faire progresser dans un temps plus court. Elle applique à la lettre une parole d'Isaïe qu'elle commente ainsi :

« *Tous les bien-aimés de Dieu ont suivi le*
« *mouvement de l'Esprit-Saint qui a fait*
« *écrire au prophète :* « *Dites au juste que*
« *tout est bien.* » (1).

Pour elle, si Dieu n'agit en nous, proportionnellement à l'intensité de notre prière, notre effort est vain. D'ailleurs c'est dans le sens de l'abandon passif que l'oriente la sage discipline carmélitaine qui jugule ses moindres actes comme ses plus secrètes pensées.

Pour éclairer cette biographie il ne nous paraît pas inutile d'esquisser les lignes essen-

(1) Isaïe : III, 10.

tielles de cette discipline, contenue et développée dans l'œuvre de Saint-Jean de la Croix (1). Différente de la logique analytique de Saint Ignace qui accorde une part prépondérante à l'activité de la raison, la spiritualité carmélitaine aboutit à vider l'âme d'elle-même pour que Dieu la remplisse de lui (2). Elle ne nie pas la raison, elle dépasse la raison après l'avoir utilement mise à profit; elle ne méprise pas l'intelligence, elle en a pressenti l'impuissance, l'infinie perfection divine qu'elle se pro-

(1) SAINT JEAN DE LA CROIX : *Œuvres* et, en particulier : *La Montée du Carmel, La Nuit Obscure de l'Ame, La Vive flamme d'Amour.*
Voir aussi :
Vén. JEAN DE JÉSUS-MARIE, O. C. D. : *Instruction des Novices.*

(2) « A mesure que l'âme éprise de l'amour divin se dépouille de l'élément naturel, l'élément divin se répand en elle surnaturellement, car Dieu ne laisse jamais de vide sans le combler. »
« ...ce n'est pas une œuvre de peu d'importance d'arrêter l'activité des désirs et des opérations naturelles de son âme, et de l'établir dans un repos absolu. »
SAINT JEAN DE LA CROIX : *La Montée du Carmel,* L. II, ch. XV. Edit. des Carmélites de Paris, 1922.

pose d'embrasser étant trop haut au-dessus d'elle. Dieu seul comprend. Dieu seul est savant. Dieu seul est sage. Alors elle rejette toute connaissance distincte et se dégage de toute raison : Dieu est tout, l'homme n'est rien. Elle tente l'application rigoureuse de ces paroles : « *Vous n'entrerez en moi qu'autant que vous sortirez de vous-même.* » (1). L'âme carmélitaine est une cire molle qui se laisse pétrir par la main de Dieu.

Mais on conçoit que cette abdication de l'orgueil, cet appauvrissement graduel, ne puissent se réaliser sans tentative de retour des forces naturelles réprimées. Pour Thérèse, le dernier sursaut de ces forces fut peut-être celui qu'elle manifesta, à quelques jours de là, à l'occasion de sa prise de voile. La cérémonie de cet acte, qui scelle définitivement les grands vœux de la profession, avait été fixée au

(1) *Imitation :* L. III, ch. VI.

24 septembre (1). Mgr Hugonin, qui devait la présider, fut retenu, au dernier moment, par les obligations de son ministère. M. Martin, malade, ne put venir. Ce fut surtout cette absence de son père qui fit une impression sur l'esprit de Thérèse. Aussi, avant même qu'on eût retiré les volets, derrière la grille de la chapelle, et que le prêtre eut entonné l'antienne :

Veni sponsa Christi...

Thérèse ne put s'empêcher de pleurer.

« L'épreuve d'aujourd'hui est une douleur « difficile à comprendre, écrivit-elle, en cette « circonstance, à sa sœur Céline, en évoquant « le souvenir de cette scène : une joie nous « était offerte, elle était possible, naturelle, « nous avançons la main... et nous ne pou- « vons saisir une consolation si désirée. » (2).

(1) N.-D. de la Merci.

(2) SAINTE THÉRÈSE DE L'ENFANT-JÉSUS : *Lettre à Céline*, du 23 septembre 1890.

Toujours le cœur qui croit qu'on peut atteindre, ici-bas, à l'impossible fixité! Ah! que l'âme des saints est humaine!

Cependant, au chant du *Te Deum,* Thérèse, dont les larmes avaient été incomprises, s'avança au milieu du chœur, conduite par la Mère Prieure, remit à une sœur le cierge qu'elle portait et dont la petite flamme est le signe du feu de la foi, et vint au pied de la grille se prosterner sur un tapis de serge, les bras en croix. Les gouttes d'eau bénite projetées pendant l'aspersion s'étalèrent autour de sa tête, sur l'étoffe, comme elles s'étalent pendant l'absoute sur le drap qui couvre un cercueil. Elle se releva, les oraisons finies, quand la Prieure l'eut touchée du doigt. Et la procession des choristes l'emmena où l'appelait, pour ce jour-ci, l'exercice de la prière, de la mortification quotidienne, des devoirs...

Deus misereatur nostri!

XI

Hélas! c'est la répétition de ces petits devoirs inéluctables — la monnaie de billon avec laquelle il faut qu'elle paye le ciel — qui constitue pour elle l'obstacle, le butoir contre lequel, un peu plus chaque jour, son élan s'émiette, s'affaiblit. Petits gestes, longues prières; itinéraires limités et, chaque jour, aux mêmes heures, inlassablement parcourus; petits emplois, petite vie réduite à des actes simplifiés; petits froissements supportés, petites contraintes subies, tous les jours usent sa patience comme la goutte d'eau régulière qui, tous les jours, use le rocher. La Règle ne laisse qu'une place réduite à l'exercice de la liberté et ne tolère les manifestations singulières de l'intelligence qu'autant que l'intelligence se cantonne dans le domaine des îlots vierges de l'oraison, loin des continents et des îles tumultueuses de l'orgueil. Mais le quotidien des vertus est une épreuve pour la patience souvent plus dangereuse que l'héroïsme des grands élans intérieurs. Thérèse, qu'on a pourvu d'un emploi de réfectorière, a beau limiter son effort à la longueur du présent jour, elle souffre, en alignant sur les tables les assiettes, les pichets de bière, les pains, d'avoir gardé à son insu ses finesses et ses enthousiasmes puérils.

Cependant cette enfant prédestinée n'est pas la dupe des mouvements de son propre cœur. C'est qu'elle ne fait pas de la sainteté une affaire d'imagination et que, dans son désir trop humain « de lier ce qui doit périr à ce « qui ne périra jamais » (1), elle a le soin

(1) Louis Bertrand : Discours de réception à l'Académie.

constant de ne pas prendre pour le réel ses propres rêves. Elle sait que les âmes bienheureuses appelées à parvenir à la perfection « doivent ordinairement affronter des ténè« bres si profondes, subir de si douloureuses « souffrances physiques et morales, que l'in« telligence humaine est impuissante à les « comprendre et la parole à les exprimer. » (1). Elle n'ignore pas non plus que la volonté de Dieu ne se découvre, le plus souvent, non dans ce qui flatte nos dons naturels, nos tendances, mais dans l'accomplissement de ce qui nous répugne le plus. Sa sainteté, à elle, coûte un effort et là, précisément, où elle serait facile pour les autres : dans l'activité des besognes inférieures. C'est, d'ailleurs, dans ce que la sainteté a d'obscur et de positif qu'elle la distingue, au premier coup d'œil, dans autrui. Leur Mère Geneviève de Sainte-Thérèse,

(1) Saint Jean de la Croix : *La Montée du Carmel*, Prologue.

fondatrice du Carmel de Lisieux, âme si proche de Dieu qu'elle parle, sans le savoir, le langage simple de Dieu, l'a pratiquée, ainsi, toute sa vie. Cet exemple, s'il n'a pas orienté à lui seul sainte Thérèse dans la découverte de la Petite Voie, a facilité ses premiers pas, encouragé ses premières expériences.

« Ah! cette sainteté me paraît la plus vraie, « la plus *sainte;* c'est celle que je désire car « il ne s'y rencontre aucune illusion... » (1), s'écrie-t-elle, et le jour où leur Mère Geneviève vient à mourir, Thérèse recueille la dernière larme qui exsude des paupières sanctifiées de la défunte.

L'année même de ce décès, en 1891, Thérèse fut chargée, aux Quarante Heures, de la fonction (2) de sacristine. A quelque temps de là le Père Alexis, récollet de Caen, lui fit savoir que les fautes qu'elle pouvait commettre

(1) *Histoire d'une Ame :* VIII, 138.
(2) Au Carmel, on dit : les *emplois.*

ne faisaient « pas de peine au bon Dieu ». En apprenant qu'il y a des fautes qui ne font pas « de peine au bon Dieu » elle tressaillit. « Cette assurance, dit-elle, me combla de joie ; « elle me fit supporter patiemment l'exil de « la vie. » (1).

Ainsi, sous le renoncement, sanglée dans le serment inviolable des vœux, Thérèse a cependant de tels désirs d'indépendance qu'il faut qu'on lui accorde quelque latitude, touchant les risques du péché, pour qu'elle ait la conviction qu'elle résistera au péché. Cette sainte, une des plus mortifiées intérieurement, est cependant ennemie de toute intransigeance dans la Règle et la Loi. On a dit qu'elle était une « nerveuse disciplinée ». Mais c'est le propre de cette sorte de tempérament de rejeter, et quelquefois avec une impressionnante violence, toute contrainte. Et

(1) *Histoire d'une Ame* : VIII, 136.

Thérèse savait cela, ou plutôt elle le sentait : « ...je suis d'une nature telle que la crainte me fait reculer (1)... » On conçoit maintenant que Sainte Thérèse de l'Enfant-Jésus que beaucoup regardent comme une jeune pensionnaire réfugiée dans un Carmel pour y gagner le Paradis à son insu — ou presque, que d'autres s'obstinent à considérer comme « une invention de l'Eglise », fut en réalité une pensante, une souffrante, une violente, vivant pour la conquête du Royaume qui souffre violence, les minutes surhumaines de sa sainteté.

Vers la fin de l'année l'influenza, pour laquelle le climat humide de la vallée d'Auge constitue une condition élective, fit son apparition dans la communauté et s'y développa aussitôt d'une façon inattendue et alarmante. Thérèse, qui avait dix-huit ans, ne fut atteinte

(1) *Histoire d'une Ame :* VIII, 137.

que légèrement, et elle dut remplir, pendant plusieurs semaines, l'office d'infirmière bénévole. Un matin, le signal du réveil ayant été donné, elle glissait d'un pas furtif devant les portes closes du dortoir, quand elle eut le pressentiment qu'une des religieuses, Sœur Madeleine, était morte pendant la nuit. Alors elle pénétra, d'un mouvement irrésistible, dans la cellule de cette sœur, et elle distingua, dans l'aurore indécise et basse qui filtrait au-dessus des persiennes de la fenêtre, le buste raidi et la face jaune de sœur Madeleine, morte en effet et immobilisée dans la paix. Elle courut à la sacristie et en rapporta une couronne et un cierge qu'elle alluma devant le lit. Et la petite flamme monta en vacillant : dernière lueur qui marque, ici-bas, le sillage d'un être, comme un feu de poupe marque la trace du navire qui reprend, à la dernière escale, la haute mer en pleine nuit.

Et puis, ayant considéré les murs dénudés,

le ciel blafard resserré dans le cadre des vitres, le visage détendu de la défunte qui, hier, ignorante dans l'espoir était, ce matin, plus savante dans la certitude que tous les philosophes de la terre, Thérèse se retira doucement, pensive, recueillie, pacifiée par la vision de ce triomphe silencieux de l'âme dans la mort.

XII

Ces événements écoulés, Thérèse, libérée des œuvres de miséricorde, s'attacha successivement à la lecture de pieux auteurs. Elle avait médité, à l'époque de sa Profession, les *Fondements de la Vie spirituelle,* œuvre du Père Surin (1), emplie d'un parfum de vieux temps et propre à renforcer ce qu'elle avait appris aux jours de son noviciat : que la mortification et l'ascèse aboutissent à vider l'âme de son *moi* corruptible comme un cercueil se vide de son contenu, sans que rien en paraisse

(1) R. P. Surin S. J. : *Les Fondements de la Vie spirituelle,* tirés du livre de l'*Imitation de Jésus-Christ.* — Edition revue par le P. Brignon. — Libr. catholique Périsse, Paris et Lyon, 1847.

Une édition de cet ouvrage a été publiée en 1913 : Paris, Mignard.

au dehors. Par la suite, *La Piété et la Vie intérieure*, de Mgr de Ségur, qui insiste sur le retour indispensable aux éléments de l'Evangile, retint et absorba son attention. Elle connut aussi l'œuvre d'Henri Suzo. Toutefois, cet esprit anxieux qui cherchait son salut dans la macération et le supplice de la chair, lui fit peur. Combien elle eût mieux aimé Saint François, qui ordonna la récollection des cilices pour en faire un bûcher. Dans l'un et l'autre de ces saints auteurs elle ne trouva, d'ailleurs, que des points d'appui. Dans l'esprit de Saint Jean de la Croix, dont elle avait commencé dès l'âge de seize ou dix-sept ans à se nourrir, elle rencontra ce qu'elle cherchait : des similitudes.

Ce qu'enseigne le Docteur mystique, Thérèse avait tenté de le pratiquer d'elle-même, mais sans réussir à coordonner ses efforts. Il l'initiait à « cette science qui consiste à se « laisser conduire par l'esprit de Dieu lors-

« que sa divine Majesté veut faire parvenir « une âme à une haute perfection » (1).

Pour le réformateur du Carmel, la connaissance rationnelle est plus nuisible que nécessaire dans l'œuvre de notre recherche progressive de Dieu. Sur notre terre de misère, où la science et l'expérience « l'une et l'autre peuvent errer et faillir » (2), Dieu ne peut être connu que par la non-connaissance (3)

(1) SAINT JEAN DE LA CROIX : *La Montée du Carmel*, Prologue.

(2) SAINT JEAN DE LA CROIX : *La Montée du Carmel*, Prologue.

(3) « Ma petite voie, c'est de ne rien désirer voir », dira Sainte Thérèse de l'Enfant-Jésus.

Ici, nous devons mettre en garde le lecteur contre la possibilité d'une interprétation excessive de notre pensée. Saint Jean de la Croix n'est pas la source de la petite sainte de Lisieux. C'est par insuffisance d'analyse, d'ailleurs, qu'on peut parler de sources d'une mentalité. Seul l'individuel existe et son origine profonde est en Dieu. Ce qu'on appelle sources c'est, en réalité, un parallélisme de tendances observées dans autrui et qui nous renforcent; ce sont même, souvent, les oppositions de tempéraments ou d'idées. Pour exciter nos virtualités latentes à se produire, la pensée use d'un procédé antithétique. Le sentiment de joie appelle l'idée de douleur; l'espoir de récompense évoque irrésistiblement son contraire;

et goûté par la seule connaturalité de l'Amour. Il ne nous est possible d'atteindre, à son sujet, par la raison, qu'à cette certitude : savoir ce qu'il n'est pas.

Pour le reste, la science même des choses surnaturelles « ne saurait nous aider autant « pour grandir dans l'Amour de Dieu, que le « plus petit acte de foi vive et d'espérance « accompli dans un dénuement de toute lu- « mière » (1).

Thérèse a fait, avant de l'apprendre, l'expérience que suppose cette leçon.

« Avant de partir, mon Fiancé m'a de- « mandé dans quel pays je voulais voyager,

la sécurité de la foi engendre les questions insidieuses du doute. Sainte Thérèse l'avait senti : « Si je disais : « O mon « Dieu je vous aime trop pour m'arrêter à une seule pensée « contre la foi ; aussitôt, je le sens, je serais assaillie par les « plus douloureuses tentations, et j'y succomberais certai- « nement. » (*Conseils et Souvenirs*, p. 66.) La vie psychique repose tout entière sur ce jeu de contradictions.

Cf. Sur la « manie » des *sources :* HENRI BRÉMOND : *Prière et Poésie,* XII, 130. — Paris, Grasset, 1926.

(1) SAINT JEAN DE LA CROIX : *Avis spirituels,* 101

« quelle route je désirais suivre. Je lui ai « répondu que je n'avais qu'un seul désir : « celui de me rendre au sommet de la mon- « tagne d'Amour...

« ...Et Notre-Seigneur me prit par la « main, et me fit entrer dans un souterrain « où il ne fait ni froid ni chaud...

« Je remercie mon Jésus de me faire mar- « cher dans les ténèbres... Je suis heureuse, « oui, bien heureuse, de n'avoir aucune con- « solation (1). »

Le grand psychologue carmélitain lui fait connaître, en outre, qu'il est indispensable, pour combattre les appétences de la chair et dénier aux curiosités de l'esprit, qui se recherche obstinément, tout droit à la vie, qu'elle provoque en elle-même des *anxiétés* capables de détourner l'esprit et les sens de leur illu-

(1) SAINTE THÉRÈSE DE L'ENFANT-JÉSUS : IVe lettre à Mère Agnès, écrite en septembre 1890.

soire intérêt. Elle en tente l'application, et comme ce redressement de la personnalité faussée que chacun de nous porte en soi, ne se réalise pas sans incertitudes ni fluctuations, elle ne tarde pas à être abreuvée par l'angoisse même qu'elle recherchait.

« Mon désir de souffrances était comblé, « dira-t-elle. Toutefois, mon attrait pour « elles ne diminuait pas, aussi mon âme par- « tagea-t-elle bientôt l'épreuve du cœur. La « sécheresse augmenta ; je ne trouvais de con- « solation ni du côté du ciel, ni du côté de la « terre. »

Et, comme si elle eût prévu l'objection qui viendrait du monde : « Mais enfin, de quoi peut bien souffrir une jeune fille de dix-huit ans réfugiée dans le calme d'un cloître ?... », elle prévint ses sœurs :

« Aux yeux des autres, ma vie a toujours « revêtu les plus riantes couleurs ; il leur a

« semblé que je buvais une liqueur exquise et « c'était de l'amertume (1)... »

Et parce qu'elle avait compris que les mots que l'on prononce ou que les phrases que l'on écrit cachent plutôt qu'ils ne les découvrent les souffrances intérieures, elle n'a pas insisté en leur parlant de ses épreuves. Aussi est-ce dans la contemplation permanente en laquelle se résume toute sa vie, que cette sœur de Jésus enfant comme de Jésus dépouillé cacha son cœur et son secret.

Il ne faudrait pas imaginer toutefois qu'en lisant les pages de Saint Jean de la Croix en honneur dans son monastère, elle s'étudiât à tirer profit d'analogies qui, certainement, durent la frapper. Les minuties de l'analyse qui ne sont autres, le plus souvent, qu'un travail détourné de recherche de soi, étaient, pour

(1) *Histoire d'une Ame* : XII, 237.

elle, sans attrait. En réalité elle dépassait l'analyse de toute la hauteur dont la vie dépasse les systèmes des philosophes et les raisons des logiciens. Thérèse trouvait simplement, dans la *Nuit Obscure* et la *Vive Flamme,* la définition des états de conscience qu'elle venait de traverser. Elle n'apercevait dans ces œuvres qu'une projection virtuelle de sa propre image. Dans *l'Evangile* elle trouva la *Source* qui pouvait la désaltérer.

Mais, quand elle se retire dans sa cellule, ouvre l'Evangile sur ses genoux pour méditer sur la Passion, ce qui l'intéresse dans la Passion, ce ne sont ni les clous, ni la crucifixion de la chair, ni le cadavre. Les clous ont disparu : la rouille les dévore, la chair n'est qu'un support et le cadavre revivra. Ce qu'elle voit, ce qui demeure, ce qui, pour elle, est perpétuellement *d'aujourd'hui* dans la Passion de son Epoux, c'est l'*Amour* de Jésus-Christ penché sur l'impuissance et l'ignorance de nous tous (1).

(1) « Pendant mon postulat, dit-elle, il me coûtait beaucoup de faire certaines mortifications extérieures, en usage dans nos monastères; mais jamais je n'ai cédé à mes répugnances : il me semblait que le Crucifix du préau me regardait avec des yeux suppliants et me mendiait ces sacrifices. » *Histoire d'une Ame :* XII, 233.

XIII

Peu à peu, cependant, elle se lassa de la lecture. Quand elle reprenait les livres qui, naguère, lui faisaient entrevoir des horizons inattendus sur son chemin d'éternité, elle ne comprenait plus leur langage et demeurait dans la sécheresse. Le plus souvent, d'ailleurs, dès les premières pages, son attention se dispersait. C'est qu'elle venait d'achever, à cette étape de son avancement, l'expérience de tout ce que rapportent les méthodes et les traités et qu'elle pénétrait dans ces régions de l'univers spirituel où le sol est comme celui du désert sans chemin et sans eau (1) : elle n'avait désormais de secours que dans la com-

(1) « *In terra deserta, et invia, et inaquosa.* » Ps. 62.

plaisance de Jésus seul. Elle le comprit, comme on peut le juger par ce passage de son *Histoire :*

« Jésus n'a pas besoin de livres, ni de doc-
« teurs, pour instruire les âmes ; lui, le Doc-
« teur des docteurs, enseigne sans bruit de
« paroles. Jamais je ne l'ai entendu parler ;
« mais je sais qu'il est en moi. A chaque ins-
« tant il me guide et m'inspire ; j'aperçois,
« juste au moment où j'en ai besoin, des clar-
« tés inconnues jusque-là. Ce n'est pas le plus
« souvent aux heures de prières qu'elles bril-
« lent à mes yeux, mais au milieu de mes
« occupations de la journée (1). »

A cette époque Thérèse avait un peu plus de vingt ans. L'effort permanent de la volonté avait affermi, sur sa face, les traits puérils, nuancés, de la novice et de l'enfant. Son visage « au teint de lys » était d'un ovale pur,

(1) *Histoire d'une Ame :* VIII, 146-147.

avec un menton au relief accusé et des joues d'aspect satiné. Ses yeux pers, souvent fixés dans une singulière immobilité, étaient clairs comme une eau d'étang qui réfléchit de la lumière. Son front était un peu bombé, sa bouche rectiligne et petite. D'une taille élancée, et grande sans disproportion, elle avait une démarche simple et légère que les alpargates ralentissaient. Les religieuses pressentaient, en la rencontrant, livrée aux exercices quotidiens qu'impose l'ordinaire du Carmel, qu'une vie intense et puissante se déroulait sous le sourire toujours égal par lequel elle saluait leur présence. Mais le doute leur en venait aussitôt car, de cette vie secrète contenue, rien ne transparaissait au dehors. D'ailleurs, qui de nous a jamais distingué le passage des anges autour de lui ou en lui-même avant que les anges aient disparu et autrement que par le sillage qu'ils ont laissé?

Cependant Mère Agnès de Jésus, reconnaissant la supériorité de Thérèse, la choisit, au mois de février 1893, comme *auxiliaire* dans la direction des novices. Ce titre de maîtresse-auxiliaire laissait en réalité à la sainte la charge et les fatigues de l'emploi, en lui ôtant la liberté du pouvoir qui lui en eût facilité l'exercice. Elle se mit à la besogne et elle eut le mérite de percevoir, en peu de temps, que l'art de diriger autrui ne consiste pas à lui imposer une discipline plutôt qu'une autre, mais à s'efforcer de comprendre par quelle voie particulière Dieu se propose de conduire chacun. Elle fut une directrice de conscience de grand talent, se pliant aux nécessités de l'une et de l'autre de ses compagnes sans se prêter à leurs caprices, leur découvrant la vérité jusque dans le détail de leurs actions et réactions intérieures, avec une rigueur qui les étonnait, profitant pour étayer ses propres conceptions des remarques qu'elle tirait de leurs naïves confidences.

L'expérience qu'elle avait acquise et le rayonnement discret qui émanait d'elle, lui donnaient une autorité que nulle n'eût songé à contester imprudemment. Elle estimait, sans présomption, à leur valeur, ses capacités. Se considérant comme « trop petite pour avoir de la vanité » au sujet de l'emploi dont on venait de la pourvoir elle justifia, en cette circonstance, le choix de leur Mère, en rappelant l'exemple de David qui, « jeune et méprisé », avait pourtant plus de prudence que les vieillards et plus de sûreté de jugement qu'on eût été en droit d'en attendre d'un adolescent. C'est qu'il manifestait par ses paroles, comme elle les manifestait elle-même, les intentions de l'Esprit-Saint.

Si donc, dans les débuts de sa vie religieuse, Thérèse a « cherché sa voie, à la manière d'un explorateur, en tâtonnant », il semble qu'elle la possédât à l'époque où la Mère Prieure lui confiait le noviciat. Sans doute l'idée ne lui vint jamais à l'esprit de coordonner en système la méthode particulière de salut qu'elle avait adoptée et qui lui avait réussi. A peine distinguait-elle encore, d'ailleurs, l'originalité de son apport : simplifier la vie de l'âme et apaiser ses inévitables anxiétés en lui rappelant le refuge de la Paternité de Dieu. D'autres, du reste, avant elle, n'avaient-ils pas écrit, et savamment sur ce sujet?

« Ceux-là seuls possèdent la sagesse divine « qui, semblables aux enfants et aux igno- « rants, renoncent à leur science pour avan- « cer avec amour dans le service divin (1). » Jésus lui-même, avant les saints, n'avait-il pas insisté, en la posant comme condition fondamentale de la vie chrétienne, sur la nécessité de l'esprit d'enfance?

Cependant, elle gardait le sentiment qu'une mission particulière lui avait été concédée :

(1) SAINT JEAN DE LA CROIX : *La Montée du Carmel*, I, IV, 32.

de donner sa « petite Voie » aux âmes. Elle pressentait — mais ce n'était encore qu'un avertissement confus — le sens de l'œuvre pour laquelle son zèle prenait, tout à tour, la forme de vocations multipliées : adapter aux fondements de l'Evangile la mentalité du monde moderne. Mais elle eût craint, à l'avouer délibérément, de s'arrêter à de présomptueuses chimères. Saint François d'Assise, en son temps, n'avait-il pas tenté la même impossible aventure?

Toutefois, et à cause de ce pressentiment, le besoin de préciser l'essentiel de sa pensée l'oppressait à l'état de désir latent. En elle-même l'*Histoire d'une Ame* était en germe. En attendant elle initiait, aux hasards des confidences et de l'inspiration du jour, les novices du monastère à la bonne nouvelle du salut par la Voie d'enfance. Ainsi Jésus dut favoriser des prémices de sa doctrine — les miettes de pain blanc de l'Evangile — ses compagnons d'enfance, les jeunes gens pieux de Nazareth.

Ce que la petite sainte de Lisieux apprenait à ses sœurs se ramène à cette parole du Christ : « Si vous ne vous convertissez et ne « devenez comme de petits enfants, vous « n'entrerez pas dans le royaume des « cieux (1). »

Cet enseignement est, en apparence, candide. Le scepticisme contemporain dirait naïf et le rationalisme qui paralyse la vie des collectivités actuelles y verrait seulement une doctrine propre à bercer, au jeu des illusions du cœur, les premiers communiants d'une civilisation surannée, les faibles, les humbles, les victimes de tous âges et de toutes classes, sacrifiées par nos siècles d'intérêt et d'industrie, à l'holocauste du Veau d'or.

Mais cette puérilité volontaire cache une

(1) Matthieu : XVIII, 1.

connaissance profonde, profondément humaine, de nos besoins essentiels. C'est que la discipline de l'*Enfance spirituelle* suppose l'activité simultanée de deux facteurs : la foi, la volonté, qui, dans la vie psychologique de l'individu ont une importance comparable à celle des deux pôles dans le mouvement de la terre.

Sans la foi pas de vie. La conscience cherche sa voie suivant des plans de polarisation inférieurs : la science, la solidarité, l'intérêt, et finit par se rétracter jusqu'à la limite naturelle des instincts et de l'égoïsme. Et l'inquiétude pour l'avenir, symptôme d'un affaiblissement des puissances mentales, apparaît.

Sans la volonté, pas d'œuvre possible. L'âme se replie sur son passé, se divise et se laisse envahir par les forces antagonistes qui la menacent, comme ces arbres vieillissants que pénètrent les xylophages et l'amadouvier et qui meurent de n'avoir pas trouvé leur résistance dans leur propre sève.

Dans la doctrine de Thérèse la foi prend volontiers la forme de la *confiance*. Elle repose sur la certitude que le Christ a fait le tour de la pensée humaine et que les vertus naturelles, seules, sont impuissantes sans la prière, puisque Jésus a dit : « Sans moi vous ne pouvez rien. » La volonté — et c'est l'originalité de cette discipline — devient *l'effort au jour le jour*. C'est le petit effort dans les minimes occasions que multiplie la vie quotidienne, qui représente le moyen mis par la sainte à la portée de nos tempéraments versatiles et affaiblis pour conquérir, sans violence apparente, le Royaume qui souffre violence. L'*Enfance spirituelle* implique cette confiance et exige ce petit effort.

Il est très important d'observer qu'avant de bien comprendre sa mission, la sainte de Lisieux a vécu sa doctrine. Cela nous prémunit contre la défiance que nous sommes tenus d'opposer à toute production de la pure pensée. Elle a toujours compris que le vrai de la vie est dans le sens de l'abandon aux volontés de Dieu et que le Paradis c'est quelque chose comme l'*enfance retrouvée*. Quand ses premières expériences auront suffisamment éclairé ses états de conscience diffus, elle dira expressément « que notre progression dans la sainteté dépend de notre progression dans cet esprit d'enfance » (1). Elle définira enfin ce qu'elle nous propose par ces mots : « Ma petite voie, c'est de ne rien désirer voir (2). »

Cependant, quand elle nous invite à chercher dans l'*Enfance*, c'est-à-dire dans le désintéressement des curiosités intellectuelles et des satisfactions périssables, un *chemin*

(1) Et.-M. Lajeunie, O. P. : *Les Grands Mystiques*, 105-106.

(2) Et.-M. Lajeunie, O. P. : *Les Grands Mystiques*, 38.

sûr (1)... nous entendons le reproche du monde, hautain et amer :

— Mais ce retour systématique à la simplicité originelle, ce renoncement au bénéfice de l'effort des siècles, cette inertie opposée aux mobiles qui sollicitent le commun des hommes, sont-ils le but supérieur — l'épanouissement — de la vie? Ou ne sont-ils que le refuge mortuaire des inadaptables, des impuissants, le parfum de cimetière qui s'échappe d'une tardive et dernière floraison de couronnes de vierges et d'innocents?

C'est que le monde ne peut découvrir, précisément parce qu'il est *le monde,* la sagesse cachée dans les arcanes de la conscience chrétienne. Entre le christianisme et le monde il y a un signe d'incompatibilité permanente : la croix.

Ainsi, « née pour ce sacerdoce supérieur

(1) « Ma voie est sûre... » : *Histoire d'une Ame.*

« que l'Eglise ne donne pas » (1), que Dieu seul dispense, Thérèse nous relie à l'Evangile. Elle nous apprend que, dans le cercle étroit des contraintes et des souffrances où la vie nous tient enserrés, il n'est pas nécessaire de rechercher curieusement les pénitences héroïques : la sainteté est dans les choses ordinaires et c'est de l'héroïsme déjà que d'accepter paisiblement, et, comme eût dit Saint François d'Assise « courtoisement », les contradictions et les exigences auxquelles se heurtent chaque jour notre volonté, notre cœur.

Mais, pourrait-on dire, qui nous donnera la foi? Qui nous prouvera que lorsque nous croyons approcher de Dieu nous n'approchons pas de nous-même, à cause des faciles mirages de la pensée, comme un homme se rapproche de son image, dans son miroir, sans jamais l'atteindre?

(1) Bienheureux Henri Suzo : *Le Livre de la Sagesse Eternelle,* Introduction de J. Goerrès.

Il est vrai que c'est une tendance de l'esprit, quand les contraintes l'asservissent, que de s'échapper dans l'imaginaire. Cela ne veut pas dire, d'ailleurs, que l'imaginaire soit moins vrai que ce que nous appelons le réel. Sainte Thérèse de l'Enfant-Jésus, dans sa cellule, n'a plus d'issue que vers Dieu seul. Mais c'est précisément le but de la Petite Voie que de nous ramener, malgré nous, à la mentalité de nos origines, qui seule nous dispose à pressentir le Ciel. La psychologie de la sainte est là tout entière : une contrainte de l'esprit dérive l'esprit vers la foi. Et c'est dans la Nuit de la foi que jaillit, de l'âme à Dieu, l'éclair des permanences éternelles. « Je t'é« pouserai dans la foi », dit le Seigneur par l'Écriture à l'âme qui a tenté seulement le premier effort de vouloir.

XIV

M. Martin étant mort au mois de juillet, en 1894 (1), sa fille Céline qui l'avait assisté jusqu'à cette époque, sollicita son admission au Carmel de Lisieux. La crainte que l'esprit de corps issu de la présence de plusieurs membres d'une même famille ne troublât l'harmonie de la vie de Communauté amena, de la part de quelques religieuses, une opposition à l'accueil d'une troisième sœur de Thérèse. Mais, cet obstacle s'étant dissipé, Céline accomplit les obligations réglementaires imposées pour le postulat et fut reçue, après la

(1) Près d'Evreux, au château de la Musse, propriété de son beau-frère.

vêture, dans le groupe des novices que dirigeait sa jeune sœur.

Celle-ci, depuis longtemps, attendait la nouvelle venue. Peut-être cherchait-elle, à son insu, à cause de la tendance qu'elle éprouvait, dans la solitude, à se replier sur quelqu'un qui lui ressemblât, une sécurité dans cette présence nouvelle. Thérèse avait suivi, du fond du cœur, l'agonie impuissante, interminable de son père. L'idée de cet effacement graduel, de cette désagrégation implacable, d'heure en heure implacablement poursuivie, l'obsédait encore. Elle avait entrevu, en une inoubliable vision, comment le doux infirme, d'un geste automatique, se recouvrait le front d'un voile noir pour cacher à autrui le glissement irréparable, dans la confusion et la nuit, de son intelligence : de ce qui faisait, entre les créatures, son privilège et sa dignité. Elle avait aussitôt déduit, de cet événement mémorable, une leçon précise qui confirmait ses impressions antérieures : vient une heure, pour chacun de nous, où nos puissances nous abandonnent à notre chute lente dans l'innommable de la race, de la matière soumise à des lois.

Céline, c'était la famille qui revivait, c'était Thérèse qui se prolongeait, qui se délivrait à son sentiment de ce temps où il faut vivre sous la sujétion des enchaînements et des contingences. C'était une âme de plus exprimant, par son sacrifice et la solennité de ses vœux, la certitude que le passage d'ici-bas n'est qu'un exil, comme l'*Office divin* l'insinue...

Heu mihi, quia incolatus meus prolongatus est.

Et puis, il y avait, à la sollicitude de la sainte, une autre raison. Elle craignait pour sa sœur : elle savait que, dans le siècle, elle eût été sans résistance circonscrite et conquise. Céline était ardente dans sa foi mais aisément sujette encore à l'influence de la mobilité des sentiments. Céline, vers ce temps, c'était Thérèse inachevée, réduite à ses seuls éléments émotifs : la sœur d'âme justement nommée.

Ainsi l'entrée de la nouvelle postulante au couvent consolait Thérèse et libérait d'une inquiétude son esprit. Elle jugea qu'il serait bon de profiter de la période de paix qui s'ouvrait devant elle pour cheminer plus avant dans sa *petite Voie* d'effeuillement et d'abandon, en s'exerçant à la pratique des mortifications de toutes sortes que les circonstances quotidiennes lui présentaient. C'est dans l'acceptation des petits sacrifices qu'une âme s'affermit et grandit : elle avait appris, par l'expérience, qu'un acte des plus ordinaires, accompli pour l'amour de Dieu, est plus profitable que la lecture d'un savant commentaire et qu'en résumé on ne vit que dans la mesure où on ne réfléchit pas sur la vie.

Mais que les voies de Dieu sont malaisées!

Sainte-Thérèse de l'Enfant-Jésus
quatre mois avant sa mort

Elle souffrait — même dans la paix de la servitude volontaire — de sentir en elle deux êtres qui se contrariaient et manifestaient leur opposition persistante jusque dans les formes supérieures et désincarnées de la vie. Quand elle se décidait pour les raisons de l'un, les arguments de l'autre cessaient de lui paraître erronnés et funestes. Au terme de ses indécisions le relâchement de la volonté était la cause d'un trouble nouveau et d'une guerre inattendue. Ainsi sa vie intérieure était comme un mouvement pendulaire. Ah! si la vie spirituelle n'eût été, comme certains se l'imaginent, qu'une marche à l'étoile, au son de l'orgue et des hautbois, sous la caresse d'ailes de chérubins empressés! S'il eût suffi, plus simplement, pour mériter les faveurs divines, d'un acquiescement intellectuel, d'une sympathie!... Mais l'intelligence quand l'œuvre manque est sans valeur, et tout élan du cœur, et toute représentation émotive du paradis risquent de n'être qu'une revanche de l'imagination longtemps mortifiée.

C'est vers cette époque, surtout, que Saint Jean de la Croix, le Moïse des voies mystiques, lui fut un guide précieux. Elle eût pu s'égarer, comme des milliers d'âmes favorisées des mêmes dons et des mêmes grâces, à la porte du ciel, dans cette région vague de romantisme et de clair de lune où le *moi* se retrouve et retombe, finalement, dans la solitude de son orgueil. Mais Saint Jean de la Croix a tracé un itinéraire pour elle et le lui rappelle toujours à propos : la vie de l'âme chrétienne est une marche dans la Nuit, et l'Aurore la surprendra.

Pour Thérèse qui connaissait, sans illusion possible, sa faiblesse, le danger d'une chute venait moins de l'audace de son premier coup d'ailes, que de l'incertitude de pouvoir maintenir la constance de son effort. Et toujours elle se gardait de parler de ses luttes, ayant compris, depuis longtemps, le peu d'utilité que l'on retire des confidences et craignant, peut-être, qu'on lui objectât que beaucoup de religieux, de saintes vierges, d'âmes exemplaires avaient passé par cette voie sans se heurter à tant d'obstacles. Il est vrai qu'elle eût été en droit de répondre :

— Cela est plus facile à ceux qui ont moins de passion.

Mais elle préférait celer son secret et se reposait, chaque jour, dans la lecture de l'Office divin.

L'Office était, pour elle, comme la complainte au rythme duquel sa propre tristesse se fondait dans la grande tristesse de l'Eglise dont la Voix exilée monte, tout le long des siècles, au-dessus du tumulte des nations et du remous perpétuel des peuples et des races, vers Celui seul dont la Justice console de la vie, délivre de la mort.

Heu mihi, quia incolatus meus prolongatus est.

L'Office la reliait aux êtres sanctifiés qui avaient poursuivi avant elle la même route vers l'Infini, et des *présences* plus proches d'elle que ne l'étaient ses propres sœurs la rassuraient aux heures d'abandon et renforçaient de leurs chuchotements les versets des Heures canoniales qu'elle récitait...

Que le Seigneur te garde au départ et à l'arrivée, maintenant et dans l'éternité.

Mais elle souffrait toutefois de se sentir au sein de l'Eglise, au milieu de sa propre famille et même dans l'ambiance des voix saintes, des voies amies, une *isolée.*

XV

Cependant un œil attentif observait Thérèse : Pauline Martin, prieure du monastère en ce temps-là, avait deviné l'effort héroïque et constant que sa petite sœur accomplissait, en le cachant sous l'ordinaire de la discipline. « Et dire, pensait-elle, qu'on ne le saura jamais ! »

Mais dans l'orchestre de l'univers spirituel où les âmes sont des musiciennes qui cherchent leur unisson dans la Foi, le silence de la petite virtuose de Lisieux eût été un oubli des plus regrettables. Et la Sagesse de Celui qui règle la cadence et l'harmonie du divin concert n'a pas des habitudes d'omission. Mais, comme un violoniste qui étire une corde neuve et l'essaie, en prolongeant les touches progressives de l'archet, elle avait remplacé, vérifié, tendu, avec des précautions multipliées, dans cette humble vie de Thérèse, l'humble chanterelle du cœur. Maintenant l'heure était venue. Le monde entier allait entendre la douloureuse chanson de l'âme humaine, la chanson de l'espoir, la chanson de l'angoisse, l'immortelle chanson...

Le début en fut des plus simples... Un soir d'hiver où Thérèse remémorait à ses sœurs aînées, réunies dans la salle de communauté, les événements révolus au temps de leur commune enfance et qu'elles s'attendrissaient à l'entendre, Marie du Sacré-Cœur dit à Mère Agnès de Jésus :

— Ma Mère, vous devriez donner l'ordre à sœur Thérèse de l'Enfant-Jésus d'écrire toutes ces choses qu'elle sait si bien raconter.

La prieure hésita. Cependant elle avait remarqué que la santé de la jeune sœur allait s'affaiblissant. Elle se représenta qu'un mémoire pourrait être d'utilité s'il fallait, quelque jour, prochainement peut-être, rédiger la biographie circulaire qu'on envoie aux Carmels à l'occasion de chaque décès. Et l'ordre fut donné.

Thérèse le reçut en riant. Elle n'avait pas une grande habitude d'écrire, quoiqu'elle se fût exercée, avec assez d'habileté, à composer des *poésies* de circonstance qu'elle distribuait sans prétention. Le travail qu'on lui demandait lui parut d'abord sans intérêt; elle le préjugea sans valeur. S'il ne lui avait été imposé par l'obéissance, peut-être ne l'eût-elle jamais entrepris.

« C'est à vous, ma Mère vénérée, que je
« viens confier l'*histoire de mon âme*. Le jour
« où vous me l'avez demandée, il me semblait
« que cela dissiperait mon cœur... »

dira-t-elle le premier jour, en se mettant à la besogne. Ainsi les premières phrases qu'elle écrivit furent pour marquer une hésitation, un regret... Mais l'entraînement vint. A ses heures de liberté, son pupitre sur les genoux à la mode des carmélites, elle reprit et continua chaque jour le récit que l'Office ou que le sommeil avait interrompu la veille. Elle rédigeait sans effort, sans lassitude, comme on respire, comme on soupire, oubliant les en-têtes et le classement des chapitres, négligeant de numéroter les pages de son pauvre cahier. Les idées se pressaient, chevauchaient, et les mots se présentaient d'eux-mêmes, avec une abondance dont elle était surprise. Elle n'eût pu s'imaginer qu'il était si facile d'écrire : il lui semblait qu'elle exposait une vieille histoire apprise par cœur, une vieille histoire qu'elle avait écrite, naguère, on ne sait où, on ne sait quand... dans son enfance.

Alors elle comprit — comme dans un éclair — que le mémoire qu'on attendait d'elle serait autre chose qu'un conte, une notice destinée à la consolation de ses sœurs, autre chose qu'un recueil d'émotions et d'images comme en combinent de tous temps les femmes de lettres, les dilettantes, les oisifs, qu'il allait devenir l'instrument nécessaire à l'œuvre de régénérescence qu'elle avait là mission de réaliser.

Elle avait commencé son récit en 1895, au début de l'année. L'hiver suivant, le 20 janvier, en se rendant à l'oraison du soir elle s'agenouilla devant la prieure et lui remit son manuscrit, établi sans rature et portant ce titre : *Histoire printanière d'une petite fleur blanche*. Cette histoire d'une petite fleur eut le sort de beaucoup d'œuvres de valeur : alors qu'on les croit achevées elles évoluent et se modifient. Deux chapitres nouveaux, dédiés à Mère Marie de Gonzague qui avait succédé à Mère Agnès dans la charge du priorat, s'ajoutèrent au premier cahier. Un chapitre complémentaire, écrit pendant une retraite en

1896 et offert à Marie du Sacré-Cœur, vint achever la rédaction due à la plume de Thérèse. Le titre lui-même mua pour devenir *l'Histoire d'une Ame* (1).

Par une fortune surprenante ce livre, qui ne fut nullement composé dans le dessein d'être publié, devait connaître le succès de librairie le plus imposant qu'une œuvre littéraire ait jamais remporté (2). Et, par un phénomène singulier, Thérèse l'avait pressenti. Un jour, lui ayant demandé de relire un passage du premier manuscrit qui lui paraissait incomplet, Mère Agnès la trouva tout à coup avec les yeux mouillés de larmes.

— Vous pleurez? interrogea-t-elle.

Thérèse lui répondit, avec une expression indéfinissable :

(1) Ce titre définitif fut choisi après le décès de la sainte (Note du Carmel de Lisieux).

(2) L'*Imprimatur,* de Mgr HUGONIN, date du 8 mars 1898. La première édition a été faite au mois d'octobre de la même année.

« — C'est si bien mon âme! Oui, ces pages « feront beaucoup de bien. On connaîtra « mieux la douceur du bon Dieu... Et, ajou- « ta-t-elle d'un ton inspiré, tout le monde « m'aimera (1)!... »

Son sentiment ne la trompait pas. Thérèse s'était révélée, spontanément, comme une artiste, c'est-à-dire quelqu'un qui, par l'effet d'un privilège, chemine dans les régions divines des synthèses et des harmonies et dont la voix trouve un écho dans chacune des âmes éprises de divin. Mais les plus grands artistes ne sont pas toujours ceux qui réussissent à exprimer, dans l'œuvre, leur rêve intérieur. Il en existe dont la pensée ou la vision dépasse de trop haut le talent. Thérèse a peu écrit parce qu'elle était de ces derniers : elle a souffert à en mourir à cause de la beauté de Dieu que nul embrassement n'étreint. C'est parce

(1) Mgr Laveille : *Sainte Thérèse de l'Enfant-Jésus.*

qu'elle a présumé qu'il aurait été illusoire qu'elle cherchât la libération de son âme dans l'Art qu'elle a laissé la *sainte* déborder, absorber *l'artiste*. Mais en elle, sous le manteau de chœur de la sainte, les hautes permanences de l'Art subsistent, cachées. C'est parce qu'une fois l'artiste s'est exprimée à travers la sainte que la grâce — cette sympathie du Créateur pour la créature — a été appelée, pour la première fois, de son vrai nom : une *Pluie de roses*.

Il ne faudrait donc pas méconnaître ce qu'elle a méprisé en vue d'un but supérieur : ses dons naturels. Il est vraisemblable de supposer que, si elle avait cru sage d'écrire encore, elle eût évolué, avec le temps et l'expérience qui seuls font l'écrivain, non vers la poésie, langage élémentaire, balbutiement, mais vers les puissantes proses modernes (1).

(1) Son style de « pensionnaire » que l'on n'a pas toujours apprécié à sa juste valeur, cache un talent qui eût pu fruc-

Alors elle eût aimé les genres évocatifs dont Loti a donné un exemple supérieur. Les régions de haute et dédaigneuse mélancolie où l'auteur du *Désert* et de *La Galilée* s'est égaré, eussent convenu à son tempérament ardent et exclusif. Elle fut restée, en littérature comme en religion, une mystique. Et ainsi les Chemins des Arts — les Vaisseaux d'exil, disent les poètes — l'eussent encore ramenée à Dieu.

Mais elle jugeait de trop haut ces richesses d'intelligence dont elle eût pu si avantageusement disposer, comme un millionnaire qui regarde une monnaie vulgaire de cuivre. D'ailleurs elle était humble et elle ne crut jamais, très sérieusement, qu'elle possédât quelque chose dont autrui était dépourvu.

tifier et mûrir. Certaines pages de son livre, celles de son dernier chapitre, par exemple, dans lesquelles s'est exprimée la grande tristesse de sa vie, tiendraient à la place d'honneur dans les meilleures anthologies. En les lisant, on présume de trouver une morale, une doctrine, la littérature... On trouve la vie.

« Oh! ma Mère, disait-elle en soupirant
« vers la fin de ses jours, non, je vous l'as-
« sure, je n'ai pas d'intuitions! Je connais
« seulement ce que vous connaissez, je ne
« devine rien que par ce que je vois et sens
« comme vous. Si vous saviez dans quelle
« pauvreté je suis (1)!... »

Mais c'est le signe même des esprits intuitifs de croire qu'ils n'ont pas d'intuitions et de s'imaginer qu'ils sont pauvres parce qu'ils ne trouvent pas de noms à appliquer à leurs trésors.

(1) *L'Esprit de Sainte Thérèse de l'Enfant-Jésus*, 168.

XVI

Une nuit de semaine sainte et de vent, après avoir veillé au *Reposoir,* elle regagnait sa cellule par le péristyle du cloître et l'escalier habituel. Elle était triste, elle était lasse, elle avait froid.

Ah! quelle était lasse, vraiment, cette nuit où le moindre souffle, le moindre bruit venant du dehors ou remontant du fond de son enfance, retentissait comme une vibration de cymbale dans la solitude du cœur! Et que le froid du cimetière eût été doux, lui semblait-il, à côté de ce froid du Christ... du Christ indifférent, silencieux, mourant en elle!

Elle sentait, à travers ses alpargates usées, la morsure du carrelage glacé contre ses pieds nus. Elle avançait en tâtonnnnt, en tâtonnant elle cherchait, sur un rayon, sa petite lampe dont elle remontait la mèche chaque soir, avec une épingle. Des images pieuses, projetées devant elle par sa mémoire, se déroulaient...

« *Le Royaume des cieux sera semblable*
« *à dix vierges qui, ayant pris leurs lampes,*
« *allèrent au-devant de l'Epoux* (1). »

Hélas! l'huile se raréfiait dans sa lampe!... le Christ agonisait dans cette nuit de jeudi saint! Quand le Christ meurt toutes les lumières s'éteignent. Il n'y a plus que les ténèbres, le néant... la peur.

Au bas de l'escalier, une main sur la rampe, l'autre main élevant, au-dessus d'elle, la flamme grésillante de la mèche carbonisée, elle s'arrêta pour écouter comme un remuement de feuilles froissées... Ah! c'était le vent, ce n'était que le vent, qui s'attarde parfois

(1) *Matthieu :* XXV, 1.

autour des cimetières, des hôpitaux, des monastères... Ce n'était pas l'Epoux, le Voleur divin, qui vient dans la Nuit au-devant de la Vierge sage.

Alors ses phalanges craquèrent contre le bois sec de la rampe, ses genoux fléchirent, et quand elle eut gravi une première marche elle dut s'arrêter pour reprendre haleine.

Quand elle fut dans sa cellule que la lampe éclairait de son feu rouge sursautant, quand le poids de son corps que la volonté ne soutenait plus l'eût immobilisée au creux de sa paillasse comme l'arbre qui reste à la place où il tombe, elle entendit, dans sa poitrine, son cœur : un bruit précipité de petit tambour. Elle souffla sur la lampe posée au coin du tabouret et joignit ses mains alourdies sur les grains de son chapelet.

— Dors !... Tu auras connu, toi aussi, la grande lassitude du soir. Dors : le démon profiterait de cette heure d'inanition de ton âme pour susciter contre toi les pires fantômes! Minuit : le sommeil après le devoir est une récompense de Dieu!

Sainte Thérèse de l'Enfant-Jésus consolait Thérèse Martin, carmélite.

Mais, à peine sa tête avait-elle touché l'oreiller qu'un flot bouillonnant et chaud monta de sa poitrine dans sa bouche et qu'elle dut serrer contre ses lèvres son mouchoir. Elle se redressa un peu... elle eut peur. Cependant elle attendit jusqu'au matin pour mortifier le double sentiment de curiosité et d'angoisse qui la troublait.

Elle dormit cette nuit-là d'un sommeil inquiet, d'un sommeil de fièvre — sans rêve. A cinq heures, quand tinta la cloche, elle se leva promptement, se rappelant qu'elle avait « quelque chose d'heureux » à apprendre. Elle courut à la fenêtre, déplia son mouchoir humide pour mieux voir. Le mouchoir était maculé de sang : le sang supplémentaire au sacrifice du sang du Christ.

Un mouvement profond la fit tressaillir, un sentiment de joie irrésistible la souleva. Ainsi l'épreuve de la vie — l'exil — touchait à sa fin, allait s'achever demain, pour elle, demain...

Déjà !

XVII

Pas encore.

La mort ne serait rien, pour un chrétien, sans l'agonie, et l'agonie de cette Enfant expiatoire fut faite de la seule souffrance que, vraisemblablement, elle n'aurait jamais dû éprouver.

« Aux jours si lumineux du temps pascal, « a-t-elle écrit, Jésus... permit que mon âme « fût envahie par les plus épaisses ténèbres « et que la pensée du ciel, si douce pour moi « depuis ma petite enfance, me devînt un « sujet de combat et de tourment. La durée « de cette épreuve n'était pas limitée à quel- « ques jours (1). »

(1) *Histoire d'une Ame* : IX, 158.

L'épreuve, en effet, dura dix-huit mois. Dans sa phase la plus aiguë la lutte devint déchirante. Thérèse en arriva aux portes mêmes du désespoir. Ecoutez-la (1) :

« Il me semble que les ténèbres, emprun-
« tant la voix des impies, me disent en se mo-
« quant de moi : « Tu rêves la lumière, une
« patrie embaumée, tu rêves la possession
« éternelle du Créateur de ces merveilles, tu
« crois sortir un jour des brouillards où tu
« languis; avance!... avance!... réjouis-toi de

(1) L'esprit rationaliste, qui confond *inquiétude* avec curiosité (Cf. PAUL SOUDAY, dans les comptes rendus de Conférences du Carême prêché à Notre-Dame de Paris, en 1926), méditerait avec profit sur cette phase de la vie de la « petite » sainte, qui n'est d'ailleurs que l'écho rigoureux de la scène tragique du Calvaire :

« Père! Père! Pourquoi m'avez-vous abandonné? »

Parce que les saints doivent être trouvés conformes à l'image du Christ — le premier-né d'entre les saints — il faut, sans doute, qu'ils revivent l'ultime tribulation de la Croix.

La curiosité tourmente l'esprit, quelquefois, mais parce qu'imaginaire, ce tourment est normalement sans danger. L'inquiétude religieuse, « l'angoisse humaine » de son vrai nom, aboutit à autre chose : ou Dieu, ou mourir! Telle est sa formule, et elle résume toute la vie de l'homme sur la terre.

« la mort qui te donnera, non ce que tu espè-
« res, mais une nuit plus profonde encore,
« la nuit du néant (1). »

Le voilà le cri sincère de l'angoisse humaine! A travers les *Miserere* du pessimisme de nos temps et les promesses des marchands de paradis humanitaires, au delà des idéologies des philanthropes qui rêvent de nous rédempter sans la Croix, voilà le cri de l'âme, son cri le plus authentique.

« Mère bien-aimée, continue Thérèse en
« s'adressant à sa prieure, cette image de
« mon épreuve est aussi imparfaite que l'é-
« bauche comparée au modèle; cependant je
« ne veux pas en dire plus long, je craindrais
« de blasphémer... j'ai peur même d'en avoir
« trop dit. Ah! que Dieu me pardonne! Il
« sait bien que, tout en n'ayant pas la jouis-
« sance de la foi, je m'efforce d'en faire les

(1) *Histoire d'une Ame* : IX, 159.

« œuvres. J'ai prononcé plus d'actes de foi « depuis un an que pendant toute ma « vie (1)! »

Ainsi il peut arriver que le feu de la foi s'affaisse et qu'il ne reste plus, même chez les saints, que la dynamique de la volonté poussant l'être dans la Nuit noire!

Et elle ajoute :

« Vous allez croire sans doute, ma Mère « vénérée, que j'exagère un peu la nuit de « mon âme... Et cependant... ce n'est plus un « voile, c'est un mur qui s'élève jusqu'aux « cieux et couvre le firmament étoilé (2)! »

Au cours de cette crise, Thérèse remercie la Providence qui ne l'éprouve qu'en temps opportun. Au commencement de sa vie religieuse elle fût tombée dans le découragement. Maintenant elle sent que son terme est proche

(1) *Histoire d'une Ame :* IX, 160.

(2) *Histoire d'une Ame :* IX, 161.

et que la lutte qu'elle aura à soutenir, quelque intense et douloureuse qu'elle soit, n'aura qu'une courte durée (1). En attendant elle pousse le détachement jusqu'à renoncer aux « pensées profondes et personnelles », aux « flammes de l'intelligence et du cœur » qui naissent en elle et constituent sa propriété la plus sûre. Elle permet que d'autres s'attri-

(1) Quelques théologiens considèrent que cette crise de la foi paraît conditionnée par l'impatience d'une âme sainte à ne pouvoir réaliser, ici-bas, l'union à Dieu, objet de son surnaturel amour. Elle serait l'équivalent des états d'angoisse mystique traversés par sainte Thérèse — la Castillane — qui les a résumés dans la formule connue de tous : « Je meurs de ne pas mourir. »

On y découvre, cependant, des éléments intellectuels qui ne permettent pas de localiser le conflit dans le domaine de l'expérience du cœur : « Tout en n'ayant pas la jouissance de la foi, je m'efforce d'en faire les œuvres » et, plus loin, quand ses sœurs lui parlent des anges « vêtus de robes blanches » : « Ces images ne me font aucun bien. » Thérèse n'est pas une rêveuse et cette crise, certainement, manifeste, pour une grande part, le travail interne de la raison qui heurte la foi pour l'exciter à plus d'ardeur, l'obliger à s'élever sur un palier spirituel supérieur..., une éclosion inattendue de l'autocritique qui ruine douloureusement les impressions les plus consolantes que la sainte gardait de son pieux passé.

buent, à son détriment, les propres idées qu'elle leur suggère. C'est dans ce dépouillement, cet ensevelissement progressif, qu'elle trouve la sécurité, le refuge qu'elle cherchait. D'ailleurs le livre de la Sagesse la justifie et elle le sait :

« Les âmes des justes sont dans la main « de Dieu... Aux yeux des insensés ils ont « paru mourir, mais ils sont dans la « paix (1). »

A la suite du traitement imposé par les docteurs de Cornière, médecin de la communauté, et La Néele, parent de Thérèse, une accalmie se manifesta dans l'état de fébrilité et de maladie de la sainte. Mais au mois de novembre 1896, il y eut rechute et, à la fin du Carême de 1897, les symptômes de l'évolution du mal devinrent alarmants. Pendant l'été elle vint a maintes reprises, étant dégagée de l'emploi

(1) Sagesse : III, 1, 2, 3.

de sacristine qu'elle avait rempli jusque-là, se reposer dans le jardin, sous les marronniers du monastère. Le 4 juin, ses sœurs s'étant rencontrées dans sa cellule, elle en profita pour leur faire un premier adieu :

« O mes petites sœurs... je vais bientôt « mourir... »

Ce fut le 8 juillet, après un crachement de sang, qu'on la descendit à l'infirmerie. Elle regarda, pendant qu'on l'emmenait, une dernière fois sa cellule. « Quand je serai là-haut, « dit-elle à Mère Agnès en parlant du ciel, « vous penserez qu'une grande partie de mon « bonheur, je l'ai acquis dans cette petite cel- « lule, car j'y ai beaucoup souffert ; j'aurais « été heureuse d'y mourir (1). »

Et lentement, de jour en jour, le mal qui la rongeait poursuivant son œuvre, elle s'affaiblit jusque vers la fin du mois d'août où, les

(1) *Histoire d'une Ame.*

vomissements devenant fréquents et l'oppression presque effrayante, elle déclina tout à fait. Mais, comme le disait la sainte d'Avila, « le corps a beau faire, l'âme aura toujours le dessus ». L'humanité dans la sainteté peut souffrir de son impuissance, défaillir : elle ne capitule jamais. Le 11 septembre Thérèse disait :

« J'ai peur d'avoir eu peur de la mort !
« mais je n'ai pas peur d'après la mort...
« C'est seulement de me dire : Qu'est-ce que
« cette séparation mystérieuse de l'âme et du
« corps?... C'est la première fois que j'ai
« éprouvé cela; mais je me suis aussitôt
« abandonnée au bon Dieu (1). »

« Qu'est-ce que cette séparation de l'âme
« et du corps?... »

Cette question — l'unique question — n'est-elle pas, en réalité, l'expiation de ce désir

(1) Mgr LAVEILLE : *Sainte Thérèse de l'Enfant-Jésus.*

coupable de *connaître* qui fut à la base même du péché d'Adam? Thérèse n'élude pas l'expiation : elle regarde en face le problème. La sincérité — ce besoin absolu du *vrai* qu'on retrouve chez tous les saints — est, d'ailleurs, un de ses caractères les plus manifestes. A l'une de ses sœurs qui lui disait « que les plus « beaux anges, vêtus de robes blanches, le « visage joyeux et resplendissant, transpor- « teraient son âme au ciel » (1), elle répondit : « Toutes ces images ne me font aucun « bien; je ne puis me nourrir que de vé- « rité (1). » Cette forte réponse met en valeur l'extrême prudence de Sainte Thérèse qui, toute sa vie, ne cessa de se défier de l'imagination. A l'heure de la mort elle solutionna, d'ailleurs, elle-même l'a dit, le problème de la destinée par la méthode qui lui avait paru, de tout temps, la plus sûre : en s'abandonnant au

(1) *Histoire d'une Ame :* Conseils et Souvenirs.

bon Dieu. Son petit crucifix de religieuse, qu'elle serrait entre ses doigts maigres pendant ces jours interminables de septembre, a été, littéralement, usé par ses caresses.

Le dernier émoi de sa vie, à ces heures définitives où le moindre détail prend une importance d'événement, fut provoqué par une tourterelle qui vint s'abattre en roucoulant, un soir, sur la fenêtre de l'infirmerie. La malade et sœur Geneviève de la Sainte-Face (1), qui la gardait, se rappelèrent en même temps un verset du Cantique des Cantiques : « Le « chant de la tourterelle s'est fait entendre; « lève-toi, ma bien-aimée, ma colombe, et « viens, car l'hiver est passé (2). »

Enfin, le jeudi 30 septembre, « l'aurore du « jour éternel se leva ».

Dans la petite chambre de l'infirmerie du

(1) Céline Martin.

(2) Cant. II, 12.

Carmel où la malade reposait, tremblante, suante, maintenue sur sa couche par deux oreillers de grosse toile, les religieuses, prévenues, arrivaient une à une, glissant sous les voûtes du cloître. A ces heures où toutes les paroles humaines ne sont plus que ce qu'elles sont : un remuement d'air inutile..., où les bruits quotidiens tintent comme une cloche vaine dans les ténèbres d'un ouragan, la pensée de Thérèse vacillait au-dessus d'un Abîme sans nom. Sa vie — un rêve exténuant qui prend fin — lui apparaissait, maintenant, comme un tourbillon d'images passant loin d'elle. Les grains du chapelet et les membres du crucifix qu'elle serrait entre ses doigts, crissaient, craquaient : la pression de la mort est puissante à briser le fer. Et toujours défilaient, tournaient, s'enchevêtraient, au milieu de rétrospections indéfinies, les images de son enfance et le chaos de ses idées. Qui donc, dans cette fuite d'elle-même — ou de l'univers

— eût pu la secourir, ou l'arrêter? Qui donc eût pu la consoler dans cette tribulation des ténèbres où l'espérance cède la place, d'heure en heure, à l'implacable réalité?... Qui donc eût pu la rassurer dans ce cheminement de la tribulation dernière?...

Mourir, c'est être seul dans une grande Nuit.

Cependant elle sembla se ranimer et la communauté se retira. Dans l'après-midi, à trois heures, on lui soutint les bras en croix. A cinq heures elle faiblissait et la cloche alerta de nouveau les sœurs. Celles qui arrivaient sur le seuil jetaient un coup d'œil tourmenté, s'arrêtaient d'abord, puis avançaient, posant le pied avec des précautions multipliées.

Thérèse, qui haletait, se tourna vers sa mère Prieure.

— Ma Mère, n'est-ce pas l'agonie?

— Oui, mon enfant, c'est l'agonie...

Sept heures! Les heures tintaient dans le

vide, dans un autre monde... au delà du temps!...

Alors, prenant son crucifix...

— Mon Dieu, dit la mourante, je... vous... aime!

Et elle s'affaissa.

Déjà la communauté s'approchait quand Thérèse, que l'on croyait morte, se redressa, blanche, détendue, les yeux luisants comme deux globes incendiés, et demeura immobile sur son séant. Une sœur se leva, approcha à bout de bras un flambeau. Les yeux de la bienheureuse, sans sourciller, fixaient la flamme, absorbaient la flamme, et renvoyaient une clarté qui rendait superflus tous les lumignons de la terre.

Alors, pendant que sur les lèvres de ses sœurs la prière restait suspendue, l'âme de sainte Thérèse se libéra et la relique de son corps retomba, et glissa doucement, sur les oreillers de l'infirmerie.

EPILOGUE

Sous la transposition du lieu, du temps, du personnage, l'histoire que l'on vient de lire est l'histoire de chacun de nous. Thérèse n'est universelle que parce qu'elle a su raconter, mieux qu'une autre, le conflit secret et profond qui trouble l'harmonie de nos puissances intérieures. La Providence l'a choisie pour nous apprendre à nous connaître et pour nous permettre de nous définir.

Comme elle, avant elle, d'autres : philosophes, sages, savants, avaient cherché la paix du cœur et la fixité de l'esprit, mais par une voie différente. Successivement on les vit s'enliser dans leurs systèmes et leurs évidences. C'est que l'intelligence, la science, pensent à la mode humaine, naturelle, et que rien de naturel ne peut prétendre atteindre à Dieu. La gloire de Sainte Thérèse de l'Enfant-Jésus provient de ce qu'elle a rejeté, comme inaptes à résoudre le problème des origines et de la fin de l'homme, les méthodes de connaissance rationnelle et d'intellection. Par suite de quel mystère et sous l'impulsion de quelle puissance secrète une enfant de constitution fragile et consomptive a-t-elle réussi à réaliser ce prodige : comprendre que la Foi est le seul procédé valable de certitude et vivre sa vie, délibérément, sur la base de ce postulat?

On n'insistera jamais assez sur l'importance de ce sursaut de la volonté qui, dans la nuit de Noël 1886, pacifia la jeune Thérèse. C'est à partir de ce moment qu'elle commence à devenir ce que l'éternité a fait d'elle, une des répliques les plus parfaites de Jésus-Christ. Qu'on y veuille bien réfléchir : le but de l'enseignement et des sollicitudes de l'Eglise se résume dans cette option, hors de laquelle toute piété est fétichisme ou simulacre. Mais comme voilà bien ce que nous sommes! Chrétiens, lancés entre le baptême et l'extrême-onction par l'effet d'un théotropisme fondamental vers l'Unité d'où nous sortons, nous passons notre vie à fuir ce que nous cherchons et à nous affaiblir dans la division de la pensée et la multiplicité du travail, comme ces petits êtres que l'histoire naturelle étudie, qui se fragmentent à l'infini et se retrouvent toujours pareils.

Thérèse se refuse à cet émiettement. Mais ce n'est pas pour se contracter sous l'oppression d'une discipline ou même de ses propres contraintes, ce qui serait un signe de nervosisme. C'est pour gagner en intensité, en puissance, ce qu'elle perd en étendue. On voit par là qu'elle eut raison de ramener son œuvre et ses efforts aux seules nécessités de la vie cellulaire.

Elle eût méprisé nos prévoyances, notre épargne, nos calculs, qui sous des prétextes inoffensifs cachent le désir de substituer, aux vues éternelles de la Providence, les exigences de nos petits plans personnels. « L'ardeur des saints à rechercher le vrai était inutile, si le probable est sûr », a dit Pascal. Or le saint c'est l'être normal : Thérèse en eut toujours la certitude. C'est pourquoi toute sa vie a été de rechercher passionnément, et avec toute la prudence requise, la vérité pour y adapter ses désirs.

Mais le renversement des habitudes mentales que nécessite cette adaptation des instincts et du cœur ne s'est pas fait, pour elle, aussi commodément qu'une lecture hâtive de l'*Histoire d'une Ame* le laisserait à supposer. Entre comprendre que le bonheur est dans l'oubli de soi et réussir à s'oublier, il y a un abîme : la vie. Il n'est d'ailleurs pas rare de voir les hommes, dans l'enthousiasme de la conversion, faire quelqu'une de ces promesses dans lesquelles le cœur engage imprudemment la volonté. Où sont-ils ceux qui ont rigoureusement tenu la promesse?

Nous commençons tous par la foi, nous finissons par l'analyse de la foi. Le mal n'est pas dans l'analyse parce que l'esprit de l'homme a besoin de sécurité. Il est dans ce que nous employons l'analyse pour martyriser, au fond de nous, l'*enfant aux mains jointes* qui prie le Ciel, l'enfant obstiné qui retourne, à travers le champ de foire des civilisations, les brouillards universitaires, et la nuit des instincts vers ses Premières Communions et ses premières liliales ferveurs.

Le génie de Thérèse n'est pas dans la sagesse d'avoir trouvé, dans les forces opposées qui règlent au-dedans de nous les oscillations de la vie, un équilibre indifférent. Cela, c'est le rêve inutile des philosophes. Il est dans l'intelligence d'avoir compris que Jésus-Christ, et

Jésus-Christ en nous, est seul capable de ramener à l'unité les plus violentes contradictions.

Jésus lui a paru le seul Ami qui fût digne du sacrifice de l'âme totale, le seul qui recherche l'Amie, la Fiancée, pour elle et non pour lui ; le seul qui ne se lasse jamais de l'Épouse parce qu'il a le secret de la maintenir dans une perpétuelle jeunesse ; le seul qui ne soit pas plus petit que l'Amour. Elle a si bien compris cela qu'elle ne dit, par ses écrits, par sa doctrine, par sa vie, qu'une chose sous mille formes : que Jésus, Jésus seul, sauve de l'inéluctable caducité (1).

Au milieu d'une civilisation de rationalisme outrancier, Thérèse est le plus beau défi qui ait été jeté aux évidences de la raison. Au laï-

(1) « Il n'y a aucun appui à chercher hors de Jésus. Lui seul est immuable. Quel bonheur de penser qu'il ne peut changer ! » — SAINTE THÉRÈSE DE L'ENFANT-JÉSUS : Lettre V à Mère Agnès, 1890.

cisme qui renouvelle, de siècle en siècle, depuis le paganisme d'où il est né jusqu'au positivisme contemporain, sa tentative de rétrogradation universelle à la nature, cette héroïque Enfant s'oppose par toutes ses tendances. Sa vie, du premier âge jusqu'à la mort, évolue tout entière hors du positivisme, dans les espaces surnaturels. Fille de l'Eglise elle grandit dans l'amour de l'Eglise, se « divinise » de jour en jour suivant l'enseignement régulier de l'Eglise, rend témoignage de la sainteté de l'Eglise par la sainteté de sa vie.

Le laïcisme contemporain se justifie en invoquant les conclusions de la science. Thérèse ne doit rien à la science de son temps. Elle avait l'âme trop élevée pour que sa curiosité s'arrêtât aux vaines disputes d'écoles. Elle avait compris de bonne heure qu'il en est du problème de la recherche et de la connaissance des causes comme de ces poursuites de rêves où le but recule à mesure que le rêveur s'avance vers lui. Et qu'eût-elle jamais appris par la science qu'elle ne possédât déjà ? A la science officielle elle substitue une science délaissée : ...Vide ton âme de la vanité du savoir, de l'orgueil de l'intelligence, et de tous les mirages du cœur... vide ton âme de toi-même : Dieu viendra et la remplira. Voilà la formule de la *science* par laquelle Thérèse a réussi à s'affranchir, à vingt ans, de la science et des hypothèses. Cette enfant qui eut le souci de se garder toujours de l'*extraordinaire* a dépassé sans le savoir les plans de conscience pascaliens : elle a réalisé, en effet, dans un élan impétueux, ce que le génie oscillant du demi-saint de Port-Royal avait, avant elle, si bien décrit et si peureusement tenté. L'essentiel, pour nous, est qu'elle ait réussi dans l'effort de *tenir* sur la position qu'elle avait choisie, même quand l'air de la foi venant à lui manquer, son âme haleta. Or elle a réussi et la discipline du Christ se trouve par là même justifiée.

En se plaçant, au regard de Dieu, dans la situation d'un enfant devant la puissance du Père, Thérèse veut nous faire entendre qu'il est vain que nous recherchions dans notre seul jugement d'hommes le secret d'être heureux et, dans le périssable qui nous entoure, la sécurité de la vie. Notre jugement n'est pas sûr et la sécurité à laquelle nous aspirons implique une idée de repos et de contingences fixées. Or nous sommes des êtres mouvants au milieu de l'universelle mouvance des choses.

Ainsi la Sagesse nous renvoie à l'Enfance, c'est-à-dire à nos origines, parce qu'à nos origines, dépouillés de l'artificiel dont les coutumes, l'ignorance et nos spéculations insidieuses nous ont embarrassés, nous sommes aptes à *sentir* Dieu.

Retenons la leçon de Thérèse. Devant notre illusoire progrès, en face de notre inutile science d'école, ses lèvres de mourante mur-

murent encore la question à laquelle, jusqu'à ce jour, l'Eglise seule a répondu :

— Qu'est-ce que cette séparation... de l'âme d'avec le corps?

Il n'y a pas de merveilles du progrès; il n'y a pas de miracles de la science. Il n'y a que quatre merveilles ou quatre miracles depuis les origines de l'homme : le miracle juif préparant le miracle de Jésus-Christ; le miracle de Saint François d'Assise revivant, pour nous le remémorer, l'Evangile; le miracle de Sainte Thérèse de l'Enfant-Jésus, renouvelant le miracle de Saint François. Le monde eût pu se passer, à son avantage, de tout le reste.

Thomery, 31 décembre 1926.

CET OUVRAGE A ÉTÉ ACHEVÉ D'IMPRIMER LE 6 JANVIER 1928, SUR LES PRESSES DE L'IMP. RAMLOT ET Cie, 52, AVENUE DU MAINE A PARIS, POUR LE COMPTE DES ÉDITIONS RADOT

PARIS. — IMP. RAMLOT ET Cie, 52, AVENUE DU MAINE. — 27

426.0075

www.ingramcontent.com/pod-product-compliance
Ingram Content Group UK Ltd.
Pitfield, Milton Keynes, MK11 3LW, UK
UKHW021140260726
13994UKWH00001B/229